JUMALA VÄGI

Veel ilmaski pole kuuldud,
et keegi oleks avanud
pimedalt sündinu silmad.
Kui tema ei oleks Jumala juurest,
ei suudaks ta teha midagi.
(Johannese 9:32-33)

JUMALA VÄGI

Dr. Jaerock Lee

URIM
BOOKS

Jumala vägi – Autor: Dr. Jaerock Lee
Published by Urim Books (Representative: Johnny. H.Kim)
235-3, Guro-dong 3, Guro-gu, Seoul, Korea
www.urimbooks.com

Autoriõigusele allutatud. Seda raamatut või selle osasid ei ole lubatud kirjastaja kirjaliku loata mingil kujul reprodutseerida, otsingusüsteemis säilitada ega edastada mingil kujul ega mingite elektroonsete, mehaaniliste vahenditega sellest fotokoopiaid ega salvestusi teha ega seda mingil muul viisil edastada.

Unless otherwise noted, all Scripture quotations are taken from the Holy Bible, NEW AMERICAN STANDARD BIBLE, ®, Copyright © 1960, 1962, 1963, 1968, 1971, 1972, 1973, 1975, 1977, 1995 by The Lockman Foundation. Used by permission.
(Piiblitsitaadid: Piibel, Tallinn, 1997 – Eesti Piibliseltsi väljaanne)

Autoriõigus © 2009 - Dr. Jaerock Lee
ISBN: 979-11-263-1199-6 03230
Tõlke autoriõigus © 2005, Dr. Esther K. Chung. Kasutatud tõlkija loal.

Eelnevalt välja antud korea keeles: Urim Books, 2004

Esmaväljaanne septembris, 2005
Teine väljaanne augustis, 2009

Toimetaja: Dr. Geumsun Vin
Kujundus: Editorial Bureau of Urim Books
Lisateabeks võtke ühendust: urimbook@hotmail.com

Eessõna

Ma palun, et kõik inimesed võiksid Looja Jumala väe ja Jeesuse Kristuse evangeeliumi kaudu saada osa Püha Vaimu sütitavatest tegudest...

Ma tänan kõige eest Isa Jumalat, kes on meid õnnistanud, et ühtse teosena kirjastada sõnumid 2003. aasta maikuus toimunud „väe" teemaliselt üheteistkümnendalt kahenädalaselt erakorraliselt äratuskoosolekult, kus paljud tunnistused tõid Jumalale suurt au.

1993. aastast alates, varsti pärast kümnendat asutamise aastapäeva, hakkas Jumal Manmini Keskkoguduse liikmeid iga-aastaste kahenädalaste erakorraliste äratuskoosolekute käigus kasvatama, et nad omaksid tõest usku ja saaksid vaimseteks inimesteks.

1999. aasta „Jumala armastuse" teemaliste äratuskoosolekute ajal lubas Ta katsumusi, mis said meile õnnistuseks, sest Manmini liikmed hakkasid aru saama tõelise evangeeliumi tähtsusest, käsuseadust armastusega täitma ja meie imelist väge ilmutanud Isandale sarnanema.

Uue aastatuhande alguses, 2000. aastal õnnistas Jumal meid selleks, et kogu maailma inimesed võiksid kogeda Looja Jumala väge, Jeesuse Kristuse evangeeliumi ja Püha Vaimu sütitavaid tegusid, võimalusega edastada Moogoonghwa satelliidi ja Interneti vahendusel äratuskoosolekuid otsesaatena. 2003. aastal oli äratuskoosolekutel osalejaid umbes kolmesajast Korea kogudusest ja viieteistkümnelt maalt.

Jumala vägi püüab tutvustada protsessi, mille käigus inimene kohtub Jumalaga ja saab Tema väe, erinevaid väetasandeid, loomise kõrgeimat väge, mis ületab loodud inimolendi jaoks võimaldatu piiri ja kohti, kus Tema vägi saab ilmsiks.

Looja Jumala vägi tuleb inimese üle sama palju kui ta sarnaneb Jumalale, kes on valgus. Lisaks, kui ta saab Jumala Vaimuga üheks, võib ka tema läbi ilmeda niisugune vägi, mis ilmnes Jeesuse kaudu, kuna meie Isand ütleb Johannese 15:7: „Kui te jääte minusse ja minu Sõnad jäävad teisse, siis paluge, mida te iganes tahate, ning see sünnib teile."

Kuna ma olen kogenud rõõmu ja õnne pärast seitse aastat kestnud haigustest ja piinast vabaks saamist, ma paastusin ja palvetasin palju päevi ja kordi pärast seda kui Jumal kutsus mind end teenima, et ma võiksin olla Teda väega teeniv jumalasulane. Jeesus ütleb Markuse 9:23: „Sa ütled: Kui Sa võid! Kõik on võimalik sellele, kes usub." Samuti ma uskusin ja palvetasin, sest ma hoidsin kinni Jeesuse lubadusest: „Tõesti, tõesti, ma ütlen teile, kes usub minusse, see teeb neidsamu tegusid, mida mina teen, ja ta teeb nendest hoopis suuremaid, sest mina lähen Isa juurde" (Johannese 14:12). Selle tulemusel näitas Jumal meile iga-aastaste äratuskoosolekute ajal hämmastavaid tunnustähti ja imesid ja arvukad inimesed said terveks ja Jumal vastas nende palvetele. Pealegi, 2003. aasta äratuskoosolekute teisel nädalal olid Jumala väe ilmingute keskmes need, kes olid pimedad, jalust vigased, kurdid või tummad.

Isegi edenenud ja üha areneva arstiteaduse korral on peaaegu võimatu, et inimesed, kes oma nägemise või kuulmise kaotasid, terveneksid. Kõigeväeline Jumal aga ilmutas oma väge sellisel viisil, et kui ma palvetasin kõepuldist, võis loomise vägi uuendada surnud närvid ja rakud ja inimesed said nägijaks, kuuljaks ja taas kõnevõimeliseks. Sellele lisaks, kõverad selgrood sirgenesid ja jäigastunud luud vabanesid, mille tulemusel inimesed võisid visata ära oma kargud, kepid ja ratastoolid ning tõusta, hüpata ja käia.

Jumala imeteod ületavad samuti aja ja ruumi piirid. Äratuskoosolekutest satelliidi ja Interneti vahendusel osa saanud inimesed kogesid samamoodi Jumala väge ja nad saadavad oma tunnistusi praeguseni.

Sellepärast ongi sõnumid 2003. aasta äratuskoosolekult, kus arvukad inimesed sündisid tõesõna kaudu uuesti, said uue elu, pääsemise, vastused ja tervenemise, kogesid Jumala väge ja austasid Teda väga, kirjastatud ühtse teosena.

Ma tänan eriti toimetusbüroo juhatajat Geumsun Vini, tema töötajaid ja tõlkebürood nende vaevanägemise ja pühendumise eest.

Ma palun meie Isanda nimel, et te võiksite kogeda Looja Jumala väge, Jeesuse Kristuse evangeeliumi ja Püha Vaimu sütitavat tööd ja et teie elu oleks täis ülevoolavat rõõmu ja õnne!

Jaerock Lee

Sissejuhatus

Kohustuslik lugemine, kus on olulised juhised tõelise usu saamiseks ja Jumala imelise väe kogemiseks.

Ma tänan ja austan kõige eest Jumalat, kes juhatas mind kirjastama ühtse teosena sõnumid 2003. aasta maikuus toimunud üheteistkümnendalt kahenädalaselt spetsiaalselt äratuskoosolekult, kus kõneles Dr. Jaerock Lee ja kus oli tegev Jumala suur ja imettegev vägi.

Jumala vägi on kaasakiskuv armu ja liigutavuse poolest, kuna see sisaldab äratuskoosoleku üheksat sõnumit väe kohta ja tunnistusi paljudelt, kes kogesid otseselt elava Jumala väge ja Jeesuse Kristuse evangeeliumi.

Esimeses sõnumis „Jumalasse uskumine," kirjeldatakse Jumala isikut, Temasse uskumist ning Temaga kohtumise ja Ta kogemise viise.

Teises sõnumis „Isandasse uskumine," arutletakse Jeesuse maa peale tulemise eesmärgi ja selle üle, miks üksnes Jeesus on meie

Päästja ja miks me pääseme ja saame palvetele vastused kui me Isandat Jeesust usume.

Kolmandas sõnumis „Kalliskivist palju ilusam astjas," kirjeldatakse üksikasjalikult seda, mida on vaja, et olla Jumala ees kallis, väärikas ja ilus astjas ning niisuguse astja peal olevaid õnnistusi.

Neljas sõnum „Valgus," selgitab vaimset valgust ja seda, mida tuleks teha, et kohtuda Jumalaga, kes on Valgus ning valguses käimise õnnistusi.

Viies sõnum „Valguse vägi," süüvib loodud inimolendite läbi ilmneva Jumala väe nelja erinevasse tasandisse, kasutades valguse eri värve ning reaalseid tunnistusi igal tasandil kogetud erinevate tervenemiste kohta. Lisaks selgitatakse Loodu kõigekõrgema väe tutvustamise kaudu üksikasjalikult Jumala piiramatut väge ning valguse väe saamise viise.

Kuues sõnum „Pimedate silmad avanevad" aitab teil vahetult mõista Looja Jumala väge, tuginedes protsessile, mille käigus sünnist saadik pime mees sai Jeesusega kohtudes nägijaks ja sisaldab tunnistusi paljudelt inimestelt, kes said nägijaks ja kes tervenesid halvast silmanägemisest.

Seitsmendas sõnumis „Inimesed tõusevad, hüppavad ja kõnnivad," vaadeldakse põhjalikult lugu halvatust, kelle sõbrad toovad Jeesuse juurde ja kes tõuseb ja kõnnib. Lisaks selgitatakse sõnumis lugejatele ka, missuguseid usutegusid nad Jumala ees tegema peaksid, et tänapäeval niisugust väge kogeda.

Kaheksandas sõnumis „Inimesed rõõmustavad, tantsivad ja laulavad," süvenetakse Jeesuse juurde tulles terveks saanud kurttumma loosse ja esitletakse viise, mismoodi ka meie võime isegi tänapäeval taolist väge kogeda.

Lõpuks, üheksandas sõnumis „Jumala lakkamatu ettehoole," selgitatakse lihtsalt lõpuaega puudutavaid prohvetlikke ettekuulutusi ja Jumala ettehoolet Manmini Keskkoguduse jaoks – mille Jumal ise ilmutas rohkem kui kahekümne aasta eest, mil Manmini kogudus asutati.

Ma palun meie Isanda Jeesuse Kristuse nimel, et arvukad inimesed tuleksid käesoleva teose abil tõelisele usule ja kogeksid alati Looja Jumala väge ning et neid kasutataks Püha Vaimu astjatena ning nad teostaksid Tema ettehoolde!

Geumsun Vin
Toimetusbüroo juhataja

Sisukord

1. sõnum

Jumalasse uskumine (Heebrealastele 11:3) · 1

2. sõnum

Isandasse uskumine (Heebrealastele 12:1-2) · 25

3. sõnum

Kalliskivist palju ilusam astjas
(2. Timoteosele 2:20-21) · 47

4. sõnum

Valgus (1. Johannese 1:5) · 67

5. sõnum

Valguse vägi (1. Johannese 1:5) · 85

6. sõnum

Pimedate silmad avanevad (Johannese 9:32-33) · 117

7. sõnum

Inimesed tõusevad, hüppavad ja kõnnivad

(Markuse 2:3-12) · 135

8. sõnum

Inimesed rõõmustavad, tantsivad ja laulavad

(Markuse 7:31-37) · 157

9. sõnum

Jumala lakkamatu ettehoole

(5. Moosese raamat 26:16-19) · 179

1. sõnum
Jumalasse uskumine

Heebrealastele 11:3

Usus me mõistame,
et maailmad on valmistatud Jumala Sõna läbi,
nii et nägematust on sündinud
nähtav

Alates 1993. aasta maikuus peetud esimesest igaaastasest kahenädalasest spetsiaalsest äratuskoosolekute sarjast on arvukad inimesed vahetult kogenud Jumala kasvavat väge ja tööd, mis tõi lahenduse haigustele, mida ei olnud võimalik kaasaja arstiteaduse abil ravida ja probleemidele, mida teadus ei suutnud lahendada. Nii nagu kirjutatakse Markuse 16:20, on Jumal viimase seitsmeteistkümne aasta jooksul kinnitanud oma Sõna sellega kaasnevate tunnustähtedega.

Jumal on juhatanud palju Manmini liikmeid väga sügavate usust, õigusest, lihast ja vaimust, heast ja valgusest, armastusest ja sarnasest rääkivate sõnumite kaudu sügavamale vaimusfääri. Lisaks lasi Jumal meil iga äratuskoosolekuga Tema väge vahetult näha, nii et neist said maailmakuulsad äratuskoosolekud.

Jeesus ütles Markuse 9:23: „Kui Sa võid! Kõik on võimalik sellele, kes usub." Seega, kui meil on tõeline usk, ei ole meie jaoks midagi võimatut ja me saame kõik, mida me palume.

Mida ja kuidas me siis uskuma peaksime? Kui me Jumalat õigesti ei tunne ega usu, ei saaks me Ta väge kogeda ja meil oleks raske Temalt palvevastuseid saada. Sellepärast on õige arusaamine ja uskumine äärmiselt oluline.

Kes on Jumal?

Esiteks, Jumal on Piibli kuuekümne kuue raamatu autor. 2. Timoteosele 3:16 meenutatakse, et „Kogu Pühakiri on Jumala sisendatud." Piibel koosneb kuuekümne kuuest raamatust ja arvatakse, et selle panid kirja kolmkümmend neli erinevat inimest 1600-aastase ajavahemiku vältel. Aga kõige hämmastavam on iga Piibli raamatu juures see, et hoolimata sellest, et Piibli panid kirja paljud erinevad inimesed paljude sajandite vältel, ühildub selles sisalduv ja on vastavuses algusest lõpuni. Teiste sõnadega, Piibel on Jumala Sõna, mis on Püha Vaimu sisendusel Tema poolt sobivate erinevate inimeste poolt erinevatel ajalooperioodidel kirja pandud ja mille kaudu Ta end ilmutab. Seetõttu võivad need, kes usuvad, et Piibel on Jumala Sõna ja kuuletuvad sellele, kogeda Ta lubatud õnnistusi ja armu.

Järgmiseks, Jumal on „Ma olen see, kes ma Olen" (2. Moosese raamat 3:14). Erinevalt inimese ettekujutuse läbi või käsitsi nikerdamise teel loodud ebajumalatest, on meie Jumal tõene Jumal, kes on igavikust igavikuni olemas olnud. Pealegi võime me Jumalat kirjeldada Armastusena (1. Johannese 4:16), Valgusena (1. Johannese 1:5) ja Ta mõistab aegade lõpus kõigi asjade üle kohut.

Ometi peame me üle kõige meeles pidama, et Jumal lõi oma hämmastava väega kõik asjad, mis on taevastes ja maa peal. Tema on kõigeväeline Jumal, kes on oma imeväge pidevalt ilmutanud loomise ajast tänapäevani.

Kõigi asjade Looja

1. Moosese raamatus 1:1 kirjutatakse, et „Alguses lõi Jumal taeva ja maa." Heebrealastele 11:3 öeldakse: „Usus me mõistame, et maailmad on valmistatud Jumala Sõna läbi, nii et nägematust on sündinud nähtav."
Aja alguses valitsenud tühjuse vältel loodi Jumala väega kogu universum. Jumal lõi oma väega päikese ja kuu taevasse, taimed ja puud, linnud ja loomad, kalad meres ja inimsoo.

Hoolimata sellest ei suuda paljud Loojasse Jumalasse uskuda, kuna loomise mõiste on lihtsalt liiga vastukäiv selles maailmas omandatud ja olnud teadmistele või kogemustele. Näiteks, niisuguste inimeste meelest ei ole võimalik, et Jumala käsk võinuks tühjuseseisundist kogu universumi luua.

Sellepärast leiutati evolutsiooniteooria. Evolutsiooniteooria poolehoidjad väidavad, et elusorganism tekkis juhuslikult, arenes ise ja paljunes. Kui inimesed salgavad niisuguste teadmiste tõttu, et Jumal lõi universumi, ei suuda nad ka ülejäänud Piiblit uskuda. Nad ei suuda uskuda Taeva ja põrgu olemasolu puudutavaid jutlusi, sest nad ei ole seal kunagi olnud, ega kuulutust inimesest sündinud, surnud, üles tõusnud ja Taevasse läinud Jumala Poja kohta. Aga me leiame, et teaduse arenguga paljastub ka evolutsiooni eksitus, ent loomise kehtivus võtab üha enam võimust. Isegi paljude teaduslike tõenditeta on olemas lõpmatult palju näiteid, mis annavad tunnistust loomisest.

Tunnistused, mille alusel võib uskuda Loojasse Jumalasse

Siin on üks taoline näide. Maailmas on üle kahesaja maa ja veelgi enam erinevaid etnilisi rühmitusi. Aga hoolimata sellest, kas nad on valged, mustad või kollased, on neil kõigil kaks silma. Igaühel on kaks kõrva, üks nina ja kaks ninasõõret. See mudel ei kehti üksnes inimolendite puhul, vaid samuti ka maapealsetele loomadele, taeva lindudele ja kaladele meres. Vaid see, et elevandil on erakordselt suur ja pikk lont ei tähenda, et tal oleks rohkem kui kaks ninasõõret. Igal inimolendil, loomal, linnul ja kalal on üks suu ja see asub täpselt samas kohas. Erinvate liikide iga organi asetuses on kerged erinevused, kuid enamasti ei ole ehituse ja asendi suhtes erinevusi.

Kuidas oleks kõik see võinud „juhuslikult" sündida? See on tugev tõend, mis näitab, et üks Looja kavandas ja vormis arvukad inimesed, loomad, linnud ja kalad. Kui oleks olnud rohkem loojaid, oleks elusolendite välimus ja ehitus erinev, sõltuvalt loojate arvust ja eelistustest. Aga kuna meie Jumal on ainus Looja, moodustati kõik elusolendid sama kuju alusel.

Pealegi, me võime leida palju rohkem tõendeid looduses ja universumis ning need panevad meid uskuma, et kõik on Jumala loodud. Nii nagu Roomlastele 1:20 öeldakse: „Tema nähtamatu olemus, Tema jäädav vägi ja jumalikkus on ju maailma loomisest peale nähtav, kui mõeldakse Tema tehtule, nii et nad ei saa endid vabandada," Jumal kavandas ja moodustas kõik asjad, seega ei saa Tema olemasolu tõesust salata aga tagasi lükata.

Habakuk 2:18-19 ütleb Jumal: „Mis kasu on nikerdatud kujust, mille meister nikerdab, valatud kujust ja valeõpetajaist, et meister kuju peale loodab, valmistades keeletuid ebajumalaid? Häda sellele, kes ütleb puule „Ärka!" või liikumatule kivile: „Liigu!" Ons see õpetaja? Vaata, see on kulla ja hõbedaga kaetud, ometi pole vaimu tema sees." Kui keegi teist on enne Jumala tundmist ebajumalaid teeninud või uskunud, tuleb teil oma süda lõhki käristada ja põhjalikult pattudest meelt parandada.

Piibellikud tõendid, mille alusel võib Loojat Jumalat kindlalt uskuda

Ikkagi on palju inimesi, kes ei suuda Jumalat uskuda, hoolimata neid ümbritsevast mõõtmatust tõendite hulgast. Sellepärast näitas Jumal oma väge ilmutades oma olemasolu kohta ilmsemaid ja vaieldamatuid tõendeid. Jumal lasi inimkonnal Tema olemasolu ja imetegusid uskuda imede läbi, mida inimene teha ei võinud.

Piiblis on palju kaasakiskuvaid juhtumeid, kus Jumala

vägi sai ilmsiks. Punane meri läks kaheks, päike jäi seisma või liikus tagasi ja taevast tuli tuli alla. Mõru vesi kõrbes muutus magusaks joogiveeks, kuna aga kaljust voolas välja vett. Surnud elustati, inimesed said haigustest terveks ja näiliselt kaotatud lahingud võideti.

Kui inimesed usuvad kõigeväelist Jumalat ja paluvad Teda, võivad nad kogeda Tema kirjeldamatuid väetegusid. Sellepärast pani Jumal Piiblisse kirja palju juhtumeid, mille käigus Ta vägi ilmnes ja mis meid õnnistavad ning annavad meile usku.

Aga Ta väeteod ei ole vaid Piiblisse kirja pandud. Kuna Jumal on muutumatu, ilmutab Ta tänapäeval oma lubaduse kohaselt kogu maailmas oma väge tõeliste usklike kaudu, arvukate tunnustähtede, imede ja oma väetegudega. Markuse 9:23 kinnitab Jeesus meid taas: „Kui Sa võid! Kõik on võimalik sellele, kes usub." Markuse 16:17-18 tuletab meie Isand meelde: „Kuid uskujaid saadavad sellised tunnustähed: minu nimel ajavad nad välja kurje vaime, räägivad uusi keeli, tõstavad paljaste kätega üles

„Kui tänulik ma olin,
kui Sa päästsid mu elu...
Ma arvasin, et pean karkudest sõltuma
kogu ülejäänud eluaja...

Nüüd saan ma käia.
Isa, Isa, ma tänan Sind!"

Diakoness Johanna Park,
kes pidi elama alaliste puudega,
viskab karguid ja käib
pärast palvet

mürkmadusid, ning kui nad jooksid midagi surmavat, ei kahjustaks see neid; haiged, kellele nad panevad käed peale, saavad terveks."

Manmini keskkoguduses ilmnenud Jumala vägi

Manmini keskkoguduses, kus ma teenin vanempastorina, on Looja Jumala väeteod ilmnenud pidevalt evangeeliumi maailma äärteni viimise käigus. Alates koguduse asutamisest 1982. aastast kuni tänapäevani, on Manminis arvukad inimesed tulnud Looja Jumala väe läbi pääsemisele. Tema väe kõige tähelepanuväärsem tegu seisneb inimeste tervendamises tõbedest ja haigustest. Paljud inimesed, kellel on „ravimatud" haigused, kaasa arvatud vähktõbi, tuberkuloos, halvatus, kesknärvisüsteemi halvatus, song, artriit, leukeemia ja sarnane, on terveks saanud. Deemonid aeti välja, jalust vigased tõusid püsti, hakkasid kõndima ja jooksma ja erinevate õnnetuste tõttu halvatud said terveks. Lisaks tervenesid inimesed, kellel olid tõsised

„Ma igatsen tulla Su kõrvale.
Isa, aga mis juhtub mu lähedastega
kui ma lahkun?
Isand, kui Sa annaksid mulle uue elu
pühendaksin ma selle Sulle..."

Vanem Moonki Kim,
kes varises äkki kokku
ajurabanduse tõttu
tuleb teadvusele ja tõuseb
pärast Dr. Jaerock Lee palvet

põletushaavad, otsekohe pärast palvet ja neile ei jäänud koledaid arme. Teised, kelle ihu oli jäik ja kes olid ajuverejooksu või gaasimürgituse tõttu juba teadvuse kaotanud, elustusid ja taastusid otsekohe. Inimesed, kelle hingamine oli seiskunud, elustusid pärast palvet.

Paljud muud, kes ei saanud lapsi pärast viit, seitset, kümmet või isegi kahtkümmend abieluaastat, said eostumise õnnistuse pärast nende eest palvetamist. Paljud inimesed, kes ei kuulnud, näinud ja kes polnud kõnevõimelised, austasid Jumalat väga kui nende võimed taastusid pärast palvetamist.

Isegi kui teadus ja arstiteadus on igal aastal ja sajandite jooksul suuri edusamme teinud, ei suudeta surnud närve taaselustada ja kaasasündinud pimedust ega kurtust tervendada. Aga kõigeväeline Jumal suudab kõike teha, sest Ta loob midagi eimillestki.

Ma kogesin kõigeväelise Jumala väge ise. Ma olin enne Jumalasse uskuma hakkamist seitse aastat surmasuus. Kõik mu ihuliikmed, välja arvatud silmad, olid haiged ja mind kutsuti „haiguste kaubamajaks." Ma püüdsin asjatult leida abi ida ja lääne arstiteadusest, igasugustest taimedest, karude ja koerte sapipõitest, sajajalgsetest ja isegi väljaheiteveest. Seitsme piinava aasta jooksul proovisin ma kõike, aga ma ei saanud terveks. Kui ma olin 1974. aasta kevadel suures ahastuses, kogesin ma uskumatut. Jumal tervendas mind Temaga kohtumise hetkest igast mu tõvest ja haigustest. Sellest ajast saadik on Jumal mind alati kaitsnud, nii et ma pole kunagi enam haige olnud. Isegi kui ma tundsin mingis ihu osas ebamugavust, sain ma kohe pärast usupalvet terveks.

Peale minu ja mu pere, ma tean, et paljud Manmini liikmed usuvad siiralt kõigeväelist Jumalat ja seega on nad alati füüsiliselt terved ja ei sõltu arstiteadusest. Tänumeelest Tervendaja Jumala halastuse eest teenivad paljud tervekssaanud inimesed praegu kogudust ja on ustavad jumalasulased, kogudusevanemad, diakonid ja diakonissid ja koguduse töötegijad.

Jumala vägi ei piirdu tõbedest ja haigustest tervendamisega. Alates koguduse rajamisest 1982. aastal, on paljud Manmini liikmed tunnistanud arvukaid juhtumeid, kus Jumala vägi on valitsenud ilmastikuolusid, peatades tugeva vihma, varjates Manmini liikmeid palaval suvepäeval pilvedega ja vaigistades taifuune või pannes neid suunda muutma. Näiteks, iga aasta juulis ja augustis peetakse koguduse suvelaagreid. Isegi kui ülejäänud Lõuna-Koreas on taifuunidest ja üleujutustest tingitud kahjustused, on need kohad ja maa osad, kus laagrid toimuvad, sageli tugeva vihma ja muude looduskatastroofide poolt kaitstud. Mitmed Manmini liikmed näevad samuti pidevalt vikerkaari, isegi sajuta päevadel.

Jumala väel on veelgi hämmastavam külg. Tema väetegu saab ilmsiks ka siis kui ma otseselt haigete eest ei palveta. Arvukad inimesed on Jumalale kogu koguduse eest kõnepuldist suurt au andnud kui nad said tervenduspalve kaudu ja kassetilintidele, internetisaadete ja automaatsetele telefonisõnumitele salvestatud palve teel terveks ja õnnistatud.

Pealegi kirjutatakse Apostlite tegudes 19:11-12: „Ja Jumal tegi iseäralikke vägevaid tegusid Pauluse käte läbi, nii et ka tema naha pealt võetud higirätikuid ja põllesid viidi haigete peale ja tõved lahkusid neist ning kurjad vaimud läksid välja." Samamoodi ilmnes Jumala imettegev vägi palverätikute läbi.

Pealegi, kui ma panen oma käed haigete fotodele ja palvetan nende eest, leiavad kogu maailmas aset tervenemised, mis ületavad aja ja ruumi piire. Sellepärast tervenevad inimesed aega ja ruumi ületava Jumala väe abil ülemerekoosolekute käigus igasugustest tõbedest ja haigustest, kaasa arvatud surmav AIDS.

Jumala väe kogemine

Kas see tähendab, et igaüks, kes Jumalat usub, võib kogeda Tema väe hämmastavat tööd ja saada palvetele vastused ja õnnistatud? Paljud tunnistavad huultega oma usku Jumalasse, aga kõik nende seast ei koge väge. Te võite kogeda Ta väge vaid siis kui te usk Jumalasse on tegudes ja Ta tunnistab: „Ma tean, et sa usud minusse."

Jumal peab pelka fakti, et keegi kuuleb kellegi jutlust ja

osaleb ülistusteenistusel, „usuks." Aga selleks, et saada tõelist usku, mis annab tervenemise ja palvetele vastused, tuleb kuulda ja teada, kes on Jumal ja miks Jeesus on meie Päästja ning Taeva ja põrgu olemasolu kohta. Kui neid asju mõista, pattudest meelt parandada, Jeesus Päästjaks vastu võtta ja Püha Vaim vastu võtta, saate te jumalalapse õiguse osaliseks. See on esimene samm tõelise usu poole.

Tõelise usuga inimesed teevad tegusid, mis tõendavad sellise usu olemasolu. Jumal näeb usutegusid ja vastab inimeste südameigatsusele. Ta väetegusid kogevate inimeste usk on nähtav ja Jumal kiidab nad heaks.

Usutegudega Jumalale meelepärane olemine

Need on mõned näited Piiblist. Esiteks on 2. Kuningate raamatu 5. peatükis lugu Aarami kuninga sõjapealikust Naamanist. Naaman koges Jumala väetegusid pärast seda kui ta kuuletus prohvet Eliisale, kelle kaudu Jumal kõneles ja tegi usuteo.

Naaman oli Aarami kuningriigi väljapaistev kindral. Kui

Naaman põdes pidalitõbe, külastas ta Eliisat, kelle kohta öeldi, et ta tegi imetegusid. Aga kui Naamani taoline mõjukas ja tuntud kindral saabus Eliisa juurde suure hulga kulla, hõbeda ja riietega, saatis prohvet Naamani juurde vaid oma käskjala ja ütles talle: „Mine ja pese ennast Jordanis seitse korda" (10. salm).

Esiteks oli Naaman ilmselgelt vihane, sest prohvet ei kohelnud teda kohaselt. Lisaks, selle asemel, et Eliisa oleks tema eest palvetanud, öeldi Naamanile, et ta läheks ja peseks end Jordani jões. Aga Naaman muutis peagi meelt ja kuuletus. Isegi kui talle ei meeldinud see, mida Eliisa tal teha käskis ja ta ei olnud sellega päri, otsustas Naaman vähemalt proovida Jumala prohveti sõna järgi teha.

Selleks ajaks kui Naaman pesi end Jordani jões kuuendat korda, ei olnud ta pidalitõve suhtes märgatavat muudatust. Aga kui Naaman pesi end Jordanis seitsmendat korda, taastus ta ihu ja paranes väikese poisi ihu sarnaseks (14. salm).

Vaimselt tähistab „vesi" Jumala Sõna. Tõsiasi, et Naaman

kastis end Jordani jõkke, tähendab, et Naaman sai Tema Sõna järgi oma pattudest puhtaks. Number „seitse" tähendab veel täiust; see, et Naaman kastis end jõkke „seitse korda," tähendab, et sõjapealik sai täieliku andestuse.

Samamoodi, kui meie soovime Jumalalt palvevastuseid saada, peame me esiteks kogu oma patust täielikult meelt parandama, nii nagu Naaman tegi. Aga meeleparandus ei lõpe vaid sõnadega: „Ma parandan meelt. Ma eksisin." Tel tuleb „oma süda lõhki käristada" (Joel 2:13). Pealegi, kui te parandate pattudest põhjalikult meelt, tuleb teil otsustada, et te ei tee enam kunagi sama pattu uuesti. Ainult siis hävineb teid Jumalast lahutav patumüür, teie sisse tekib õnnetunne, te probleemid leiavad lahenduse ja teie südameigatsused saavad vastuse.

Teiseks, 1. Kuningate raamatu 3. peatükis kirjutatakse, kuidas kuningas Saalomon ohverdas Jumalale tuhat põletusohvrit. Nende ohvritega näitas Saalomon oma usku, et Jumalalt palvetele vastused saada ja selle tulemusena ei saanud ta Jumala käest vaid oma palvele vastuse, vaid ka seda, mida ta Jumala käest ei palunud.

Saalomonilt nõudis tuhande põletusohvri toomine palju

pühendumist. Iga ohvri jaoks pidi kuningas püüdma loomi ja need ette valmistama. Kas te kujutate ette, kui palju aega, vaeva ja raha võis maksta niisuguse ohvri tuhandekordne toomine? Saalomoni tegudes näidatud pühendumine ei oleks olnud võimalik kui kuningas ei oleks uskunud elavat Jumalat.

Kui Jumal nägi Saalomoni pühendumist, ei andnud Ta talle vaid tarkust, mida kuningas esialgu palus, vaid ka rikkust ja au – seega ta eluaja jooksul ei leidunud temale võrdväärset kuningat.

Viimaks, Matteuse 15. peatükis on lugu Sürofoiniikia naisest, kelle tütar oli deemonitest seestunud. Ta tuli Jeesuse juurde alandliku muutumatu südamega, palus Jeesuse käest tervist ja sai lõpus oma südamesoovi. Jeesus ei vastanud kohe: „Hästi, su tütar on terve." Selle asemel ütles Ta naisele: „Ei ole ilus võtta laste leiba ja visata koerakestele" (26. salm). Ta võrdles naist koeraga. Kui naisel poleks usku olnud, oleks ta tundnud kohutavat piinlikkust või taltsutamatut viha. Aga naisel oli usk, mis tagas talle Jeesuse vastuse ja ta ei tundnud pettumust ega kohkunud. Selle asemel hoidis ta veelgi alandlikumalt Jeesusest kinni. „Ei ole küll, Isand," ütles naine Jeesusele, „ometi söövad koerakesed raasukesi, mis nende isandate laualt pudenevad." Seda kuuldes oli Jeesusel naise usust väga hea meel ja Ta tegi naise deemonitest seestunud tütre kohe terveks.

Samamoodi, kui meie tahame saada terveks ja palvetele vastuseid, tuleb meil oma usku lõpuni välja näidata.

Pealegi, kui teil on usk, mille abil te saate Tema käest palvevastused, peate te ise füüsiliselt Jumala ette minema.

Muidugi, kuna Manmini Keskkoguduses ilmneb Jumala vägi suuresti, on võimalik terveneda ka palverätiku või fotode abil, mille eest ma olen palvetatud. Aga kui haige ei ole kriitilises olukorras ega välismaal, peab inimene ise Jumala ette tulema. Jumala väge saab kogeda ainult pärast Ta Sõna kuulamist ja usu saamist. Pealegi, kui inimene on vaimse puudega või seestunud ja ei saa seetõttu oma usuga Jumala ette tulla, siis peavad ta vanemad või pereliikmed Jumalat Sürofoiniikia naise sarnaselt armastuse ja usuga paluma.

Sellele lisaks on palju muid usu tõendusi. Näiteks on

palvevastuseid saava usuga inimese näoilme alati õnnelik ja tänulik. Markuse 11:24 ütles Jeesus: „Seepärast ma ütlen teile: Kõike, mida te iganes palves endale palute – uskuge, et te olete saanud, ja see saab teile!" Kui teil on tõene usk, olete te alati vaid rõõmus ja tänulik. Lisaks, kui te tunnistate, et te usute Jumalat, olete te Talle sõnekuulelik ja elate Tema Sõna kohaselt. Kuna Jumal on valgus, püüate te elada valguses ja muutuda.

Jumalal on hea meel meie usutegudest ja Ta täidab meie südameigatsused. Kas teil on niisugune ja sellises suuruses usk, mis on Jumalale meelepärane?

Heebrealastele 11:6 tuletatakse meile meelde: „Aga ilma usuta on võimatu olla meelepärane, sest kes tuleb Jumala juurde, peab uskuma, et Tema on olemas ja et Ta annab palga neile, kes Teda otsivad."

Ma palun meie Isanda Jeesuse Kristuse nimel, et te võiksite mõista õigesti, kuidas Jumalat uskuda ja oma usku näidata ning et te võiksite olla Talle meelepärane, kogeda Ta väge ja elada õnnistatud elu!

2. sõnum
Isandasse uskumine

Heebrealastele 12:1-2

*Sellepärast ka meie,
kelle ümber on nii suur pilv tunnistajaid,
pangem maha kõik koormav ja patt,
mis hõlpsasti takerdab meid,
ja jookskem püsivusega meile määratud võidujooksu!
Vaadakem üles Jeesusele,
usu alustajale ja täidesaatjale,
kes häbist hoolimata kannatas risti
Temale seatud rõõmu asemel
ja on nüüd istunud
Jumala trooni paremale käele*

Paljud on kuulnud tänapäeval nime „Jeesus Kristus." Aga üllatavalt palju inimesi ei tea, miks Jeesus on inimkonna ainus Päästja ega miks pääsetakse vaid Jeesusesse Kristusesse uskudes. Veelgi hullem, on palju kristlasi, kes ei suuda ülaltoodud küsimustele vastata, isegi kui need on pääsemisega otseselt seotud. See tähendab, et need kristlased elavad oma elu Kristuses täie arusaamata nende küsimuste vaimsest tähendusest.

Seega, ainult siis kui me teame ja mõistame õigesti, miks Jeesus on meie ainus Päästja ja mida tähendab Teda vastu võtta ja Temasse uskuda ning meil on tõene usk, võime me kogeda Jumala väge.

Mõned inimesed peavad Jeesust üheks neljast suurest pühakust. Teised mõtlevad pelgalt Temast kui kristluse alustajast või väga suuremeelsest inimesest, kes tegi oma eluaja jooksul väga palju head.

Aga need meie seast, kes on saanud jumalalasteks, peavad suutma tunnistada, et Jeesus on inimkonna Päästja, kes lunastas kõik inimesed nende pattudest. Kuidas me võime võrrelda Jumala ainust Poega, Jeesust Kristust, inimolenditega, kes on üksnes loodud? Isegi Jeesuse eluajal oli palju erinevaid vaatenurki, mille kaudu inimesed Teda nägid.

Looja Jumala Poeg, Päästja

Matteuse 16. peatükis on vaatepilt, kus Jeesus küsis jüngritelt: „Kelle ütlevad inimesed Inimese Poja olevat?" (13. salm) Jüngrid tsiteerisid eri inimeste vastuseid ja vastasid: „Mõned ütlevad Ristija Johannese, teised aga Eelija, teised aga Jeremija või ühe prohveteist" (14. salm). Siis küsis Jeesus oma jüngrite käest: „Aga teie, kelle teie ütlete minu olevat?" (15. salm) Kui Peetrus vastas: „Sina oled Messias, elava Jumala Poeg" (16. salm), kiitis Jeesus teda: „Sa oled õnnis, Siimon, Joona poeg, sest seda ei ole sulle ilmutanud liha ja veri, vaid minu Isa, kes on taevas" (17. salm). Jeesuse kaudu ilmsiks saanud arvukate Jumala väetegude läbi oli Peetrus kindel, et Tema oli Looja Jumala Poeg ja Kristus, inimkonna Päästja.

Alguses lõi Jumal inimese maapõrmust oma näo järele ja viis ta Eedeni aeda. Aias oli elupuu ja hea ja kurja tundmise puu ja Jumal käskis esimest inimest Aadamat: „Kõigist aia puudest sa võid küll süüa, aga hea ja kurja tundmise puust sa ei tohi süüa, sest päeval, mil sa sellest sööd, pead sa surma surema!" (1. Moosese raamat 2:16-17).

Pärast kaua aja möödumist ahvatles saatana poolt ülesõhutatud madu esimest inimest Aadamat ja naist Eevat ja nad rikkusid Jumala käsku. Lõpuks nad sõid hea ja kurja tundmise puust ja aeti Eedeni aiast välja. Oma tegude tulemusena pärisid Aadama ja Eeva järeltulijad oma patuloomuse. Pealegi, kuna Jumal ütles, et Aadam sureb kindlasti surma, läksid kõigi tema järglaste vaimud igavesse surma.

Seega, Jumal valmistas enne aja algust päästeplaani, Looja Jumala Poja – Jeesuse Kristuse. Nii nagu Apostlite tegudes 4:12 kirjutatakse: „Ja kellegi muu läbi ei ole päästet, sest taeva all ei ole antud inimestele ühtegi teist nime, kelle läbi meid päästetaks," peale Jeesuse Kristuse ei ole ajaloo jooksul mitte keegi teine vastanud inimkonna Päästja tingimustele.

Jumala enne aja algust varjul olnud ettehoole

1. Korintlastele 2:6-7 kirjutatakse: „Tarkusest me kõneleme täiuslike seas; ent mitte praeguse ajastu ega selle kaduvate valitsejate tarkusest, vaid me kõneleme Jumala saladusse peidetud tarkusest, mille Jumal on ette määranud meie kirkuseks enne ajastuid." 1. Korintlastele 2:8-9 meenutatakse edasi: „Sest kui nad seda oleksid tundnud, ei oleks nad kirkuse Isandat risti löönud. Kuid nõnda nagu on kirjutatud: „Mida silm ei ole näinud ega kõrv kuulnud ja mis inimsüdamesse ei ole tõusnud – selle on Jumal valmistanud neile, kes Teda armastavad." Me peame aru saama, et Jumala poolt enne aja algust inimkonna jaoks valmistatud pääsemise tee on Jeesuse Kristuse risti kaudu mineku tee ja see on Jumala varjul olnud tarkus.

Loojana juhib Jumal alati kogu universumit ja valitseb inimkonna ajalugu. Maa kuningas või president valitseb oma maa üle vastavalt maa seadusele; ettevõtte peamine tegevdirektor on oma ettevõtte üle ettevõtte direktiivide alusel ja perekonna pea juhib oma perekonda perekonna reeglite järgi. Samamoodi, isegi kui Jumal on universumis kõige omanik, valitseb Ta alati kõike Piiblis leiduva vaimumaailma seaduse kohaselt.

Vaimumaailma seaduse alusel on reegel: „Patu palk on surm" (Roomlastele 6:23), mis karistab süüdlast ja seal on ka reegel, mis võib meid pattudest lunastada. Sellepärast kasutas Jumal meie pattudest lunastamise reeglit, et taastada Aadama sõnakuulmatusega vaenlasele kuradile minetatud meelevald.

Millise reegli alusel võis inimkonda lunastada ja taastada esimese inimese Aadama poolt kuradile antud meelevalda? Jumal valmistas enne aja algust inimkonnale „maa lunastamise seadusega" pääsemise tee.

Jeesus Kristus vastab maa lunastamise tingimustele

Jumal andis iisraellastele „maa lunastamise seaduse," kus oli järgmine ettekirjutus: maad ei võinud alaliselt müüa; ja kui keegi jäi vaeseks ja müüs oma maa, pidi ta lähim sugulane või ta ise minema ja maa lunastama, taastades seega maa omanikuseisuse (3. Moosese raamat 25:23-28). Jumal teadis ette, et Aadam annab Jumala käest saadud meelevalla oma sõnakuulmatuse kaudu kuradile. Lisaks, Jumal andis vaimumaailma seaduse nõude alusel kogu universumi tõelise algse omanikuna kuradile üle kogu meelevalla ja au, mis Aadamal kunagi oli. Sellepärast ahvatles kurat Jeesust Luuka 4. peatükis, näidates Talle kogu maailma kuningriike ja ütles: „Ma tahan anda Sulle meelevalla kõigi nende üle ja nende hiilguse, sest see on minu kätte antud ja mina võin selle anda, kellele ma iganes tahan" (Luuka 4:6-7).

Maa lunastamise seaduse kohaselt kuulub kogu maa Jumalale. Seega ei saa inimene seda kunagi päriselt ära müüa ja kui ilmub keegi, kes vastab tingimustele, tuleb müüdud maa sellele isikule tagastada. Samamoodi kuulub kõik kogu universumis Jumalale, seega Aadam ei saanud neid asju alaliselt „maha müüa" ja samamoodi ei saa kurat neid alaliselt omada. Seega, kui ilmus isik, kes oli suuteline Aadama kaotatud meelevalda lunastama, jäi vaenlasele kuradile üle vaid Aadama käest saadud meelevald ära anda. Kohtu Jumal valmistas enne aegade algust maa lunastamise seaduse kohaselt veatu mehe, kes vastas tingimustele ja see inimkonna pääsemise tee on Jeesus Kristus.

Kuidas siis sai Jeesus Kristus taastada maa lunastamise seaduse alusel vaenlasele kuradile antud meelevalda? Jeesus võis kõik inimesed pattudest lunastada ja vaenlasele kuradile antud meelevalda taastada vaid siis, kui Ta vastas järgmisele neljale tingimusele.

Esiteks, lunastaja peab olema inimene, kes on Aadama „lähisugulane."

3. Moosese raamatus 25:25 öeldakse: „Kui su vend jääb kehvaks ja müüb midagi oma maaomandist, siis tulgu lunastama see, kes temale on kõige lähem, ja lunastagu, mida ta vend on müünud." Kuna „lähim sugulane" võis maa lunastada, pidi Aadama loovutatud meelevalla taastamiseks „lähim sugulane" olema meesterahvas. 1. Korintlastele 15:21-22 kirjutatakse: „Et surm on tulnud inimese kaudu,

siis tuleb ka surnute ülestõusmine inimese kaudu, sest nõnda nagu kõik inimesed surevad Aadamas, nõnda tehakse ka kõik elavaks Kristuses." Teiste sõnadega, kuna surm tuli sisse ühe inimese sõnakuulmatuse läbi, tuleb surnud vaimu elluäratamist teostada ühe meesterahva kaudu.

Jeesus Kristus on „Sõna, [mis] sai lihaks" ja tuli maa peale (Johannese 1:14). Ta on Jumala Poeg, kes sündis lihast ja kellel oli nii jumalik kui inimlik loomus. Pealegi on Tema sünd ajalooline fakt ja seda tõestavad paljud tunnistused. Veelgi tähelepanuväärsem on see, et inimkonna ajaloo tähistamiseks kasutatakse „eKr" või „Enne Kristust" ja "A.D." või „Anno Domini" ladina keeles, mis tähendab „meie Isanda aastal."

Kuna Jeesus Kristus tuli maailma lihas, on Tema Aadama „lähim sugulane" ja vastab esimesele tingimusele.

Teiseks, lunastaja ei tohi olla Aadama järeltulija.

Selleks, et keegi võiks teisi pattudest lunastada, ei tohi ta ise patune olla. Kõik sõnakuulmatuse tõttu patuseks saanud

Aadama järeltulijad on patused. Seega ei tohi lunastaja maa lunastamise seaduse alusel Aadama järeltulija olla.

Johannese ilmutuses 5:1-3 kirjutatakse järgmist:

Ja ma nägin troonil istuja paremas käes rullraamatut, täis kirjutatud seest ja väljast, kinni pandud seitsme pitseriga. Ma nägin võimsat inglit, kes suure häälega kuulutas: „Kes on väärt avama seda raamatut ja lahti tegema selle pitsereid? Ning mitte ükski taevas ega maa peal ega maa all ei suutnud avada raamatut ega vaadata sinna sisse.

Siin tähistab „seitsme pitseriga kinni pandud" raamat Jumala ja kuradi vahel Aadama sõnakuulmatuse järgselt tehtud lepingut ja see, kes on „väärt raamatut avama ja selle pitsereid lahti tegema" peab maa lunastamise seaduse alusel tingimustele vastama. Kui apostel Johannes vaatas ringi, et leida kedagi, kes võiks raamatut avada ja selle pitserid lahti teha, ei leidnud ta kedagi.

Johannes vaatas üles taevasse ja nägi ingleid, aga mitte inimesi. Ta vaatas maa peale ja nägi vaid Aadama järeltulijaid, kes olid kõik patused. Ta vaatas maa alla ja nägi seal vaid põrgusse läinud patuseid ja kuradile kuuluvaid olevusi. Johannes nuttis ja nuttis, sest kedagi ei leitud maa lunastamise seaduse alusel vääriline olevat (4. salm).

Siis trööstis üks vanematest Johannest ja ütles talle: „Ära nuta! Ennäe, lõvi Juuda suguharust, Taaveti juur, Tema on võitnud, Tema võib avada raamatu ja selle seitse pitserit!" (5. salm). Siin tähistab „lõvi Juuda suguharust, Taaveti juur" Jeesust, kes on Juuda suguharust ja Taaveti kojast; Jeesus Kristus vastab maa lunastamise seaduse alusel lunastajaks olemise tingimustele.

Matteuse 1:18-21 kirjutatakse meie Isanda sünni kohta üksikasjalikult:

Jeesuse Kristuse sündimisega oli aga nõnda. Tema ema Maarja, kes oli Joosepiga kihlatud, leidis enne enda kojuviimist, et ta ootab Pühast Vaimust last. Tema mees Joosep aga, kes oli õiglane ega tahtnud teda avalikult häbistada, võttis nõuks ta salaja minema saata. Aga kui ta seda mõtles, vaata, siis ilmus talle unenäos Isada ingel, kes ütles: „Joosep, Taaveti poeg, ära karda oma naist Maarjat enese juurde võtta, sest laps, keda ta kannab, on Pühast Vaimust. Ta toob ilmale poja ning sina paned Talle nimeks Jeesus, sest Tema päästab oma rahva nende pattudest!"

Jumala ainus Poeg Jeesus Kristus tuli maailma lihas (Johannese 1:14) neitsi Maarja üsa läbi, sest Jeesus pidi olema meesterahvas, aga mitte Aadama järeltulija, et vastata maa lunastamise seaduse tingimustele.

Kolmas, lunastajal peab olema vägi.

Oletame, et noorem vend jääb vaeseks ja müüb oma maa ja vanem vend soovib noorema venna maa lunastada. Siis peab vanem vend omama selle lunastamiseks piisavas suuruses vahendeid (3. Moosese raamat 25:26). Sarnaselt, kui nooremal vennal on suur võlg ja vanem vend tahab võlga tagasi maksta, võib vanem vend teha seda, kui tal on headele kavatsustele lisaks „piisavalt vahendeid."

Samamoodi on patuse õigeks inimeseks muutmise jaoks

vaja „piisavaid vahendeid" ehk väge. Siin tähistab maa lunastamiseks vajalik vägi kõigi inimeste pattudest lunastamise jaoks vajalikku väge. Teiste sõnadega, maa lunastamise seaduse tingimustele vastaval kõikide inimeste lunastajal ei või olla pattu.

Kuna Jeesus Kristus pole Aadama järeltulija, puudub Tal pärispatt. Samuti ei teinud Jeesus Kristus ise pattu, sest Ta pidas oma 33 maa peal oleku aasta jooksul kogu käsuseadusest kinni. Ta lõigati kaheksandal päeval pärast sündi ümber ja enne Ta kolmeaastast teenistust kuuletus Jeesus oma vanematele täielikult ja armastas neid üle kõige ning pidas pühendunult kogu käsuseadust. Sellepärast kirjutatakse Heebrealastele 7:26: „Just selline ülempreester on meile kohane: püha, veatu, laitmatu, patustest lahutatud ja kõrgemaks saanud kui taevad." 1. Peetruse 2:22-23 kirjutatakse: „Tema ei teinud pattu ega leitud pettust Tema suust"; Ta ei sõimanud vastu, kui Teda sõimati; Ta kannatas ega ähvardanud, vaid jättis kõik selle hoolde, kes mõistab kohut õiglaselt."

Neljandaks, lunastajal peab olema armastus.

Maa lunastamise seaduse täitmiseks on ülaltoodud kolmele tingimusele lisaks vaja armastust. Armastuseta ei lunasta vanem vend, kes suudaks noorema venna maad lunastada, tema maad. Isegi kui vanem vend oleks maa rikkaim inimene ja noorimal oleks astronoomilises suuruses võlg, ei saaks vanem vend nooremat venda armastuseta aidata. Mis head teeks siis vanema venna võim ja rikkus nooremale vennale?

Ruti 4. peatükis räägitakse Boasest, kes oli hästi teadlik Ruti ämma Noomi seisundist. Kui Boas palus „sugulasest lunastajal" Noomi pärandus lunastada, vastas sugulasest lunastaja: „Ma ei saa siis seda enesele lunatada, et mitte rikkuda oma pärisosa. Lunasta sina enesele see, mida mina pidin lunastama, sest mina ei saa lunastada!" (6. salm). Siis Boas lunastas oma rohke armastusega Noomile maa. Pärast õnnistati Boast väga ja temast sai Taaveti esivanem.

Jeesus, kes tuli lihas maailma, ei olnud Aadama

järeltulija, sest Ta eostati Püha Vaimu läbi ja Ta ei teinud pattu. Seega oli Tal meie lunastamiseks „piisavalt vahendeid." Kui Jeesusel aga poleks olnud armastust, ei oleks Ta talunud ristilöömise piina. Aga Jeesus oli nii täis armastust, et Ta lasi loodud inimestel end risti lüüa, Ta valas kogu oma vere ja lunastas inimkonna, avades selle läbi pääsemise tee. See oli Isa Jumala mõõtmatu armastuse ja surmani kuuleka Jeesuse ohvri tulemus.

Põhjus, miks Jeesus risti peal rippus.

Miks pandi Jeesus puust ristile? See täitis vaimumaailma seadust, mis kirjutas ette: „Ent Kristus on meid Seaduse needusest lahti ostnud, kui Ta sai needuseks meie eest – sest on kirjutatud: „Neetud on igaüks, kes puu küljes ripub" (Galaatlastele 3:13). Jeesus riputati meie tõttu puu külge, et Ta võiks lunastada meid, patuseid, „käsuseaduse needuse" alt.

3. Moosese raamatus 17:11 kirjutatakse: „Sest liha hing on veres, ja selle ma olen teile andnud altari jaoks lepituse

toimetamiseks teie hingede eest; sest veri lepitab temas oleva hinge tõttu." Heebrealastele 9:22 kirjutatakse: „Moosese Seaduse järgi puhastatakse peaaegu kõik asjad vere kaudu, ja ilma vere valamiseta ei ole andeksandmist." Veri on elu, sest vere valamiseta "ei ole andeksandmist." Jeesus valas oma veatu kalli vere, et me võiksime saada elu.

Pealegi, Tema ristikannatuse läbi saavad usklikud vabaks tõbede, haiguste, vaesuse needusest ja sarnasest. Kuna Jeesus elas maa peal vaesena, hoolitses Ta ka meie vaesuse küsimuse lahenduse eest. Kuna Jeesust piitsutati, oleme me kõigist tõbedest vabad. Kuna Jeesus kandis okaskrooni, lunastas Ta meid pattudest, mida me mõttes teeme. Kuna Jeesus naelutati käsi- ja jalgupidi, lunastas Ta meid ka kõigist pattudest, mida me käte ja jalgadega teeme.

Isanda uskumine tähendab tõeseks muutumist

Inimesed, kes saavad tõesti aru risti ettehooldest ja usuvad seda kogu südamest, vabanevad patust ja elavad

Jumala tahte kohaselt. Nii nagu Jeesus ütles Johannese 14:23: „Kui keegi armastab mind, küll ta peab minu Sõna, ja minu Isa armastab teda ja me tuleme ja teeme eluaseme tema juurde," pälvivad niisugused inimesed Jumala armastuse ja õnnistused.

Miks siis need inimesed, kes tunnistavad huultega oma usku Isandasse, ei saa palvevastuseid ja elavad keset läbikatsumisi ja piinu? Selletõttu, et isegi kui nad väidavad end Jumalasse uskuvad, ei pea Jumal nende usku tõeseks. See tähendab, et kuigi nad kuulsid Jumala Sõna, ei ole nad ikka veel oma pattudest vabaks saanud ega tõeseks muutunud.

Näiteks leidub arvukaid usklikke, kes ei pea kinni kümnest käsust, Kristuses elamise põhialustest. Niisugused inimesed teavad käsku: „Pühitsege hingamispäeva." Ometi käivad nad vaid hommikusel koosolekul või ei käi üldse koosolekutel ja teevad oma tööd hingamispäeval. Nad teavad, et nad peavad kümnist maksma, aga kuna raha on nende jaoks liiga hinnaline, ei anna nad kogu kümnist. Kui Jumal ütles neile spetsiaalselt, et kogu kümnise mitte tasumine tähendab Tema „röövimist," siis kuidas nad võiksidki oma palvetele vastuseid ja õnnistusi saada (Malaki 3:8)? Siis on veel usklikud, kes ei andesta teiste vigu ja eksimusi. Nad vihastuvad ja leiutavad samasuguse kurjaga tasumise plaane. Mõned lubavad, aga söövad pidevalt oma sõnu, täpselt nii nagu maailma inimesed teevad. Kuidas siis võiks öelda, et neil on tõeline usk?

Kui meil on tõeline usk, püüame me kõike Jumala tahte kohaselt teha, me hoidumine igasugusest kurjast ja sarnaneme oma Isandale, kes andis oma elu meie, patuste, eest. Niisugused inimesed suudavad andestada ja armastada neid, kes neid vihkavad ja neile valu teevad ning nad teenivad alati teisi ja toovad end nende eest ohvriks.

Kui keevalisusest vabaneda, muutute te lahkeks inimeseks, kelle huuled räägivad vaid häid ja sooje sõnu.

Kui te enne kurtsite iga kord, tänate te tõelise usuga olles igasugustes oludes ja olete end ümbritsevate inimeste vastu armuline.

Kui me tõesti usume Isandat, peame me kõik Temale sarnanema ja muutunud elu elama. Niimoodi saadakse Jumala käest palvevastuseid ja õnnistusi.

Heebrealastele 12:1-2 öeldakse:

Seepärast ka meie, kelle ümber on nii suur pilv tunnistajaid, pangem maha kõik koormav ja patt, mis hõlpsasti takerdab meid, ja jooskem püsivusega meile määratud võidujooksu! Vaadakem üles Jeesusele, usu alustajale ja täidesaatjale, kes häbist hoolimata kannatas risti Temale seatud rõõmu asemel ja on nüüd istunud Jumala trooni paremale käele.

Peale paljude usuisade, kellest Piiblis räägitakse, on meid ümbritsevate inimeste hulgas paljud, kes on pääsenud ja õnnistatud oma usu kaudu meie Isandasse.

Olgu meil „suure tunnistajate pilve" sarnaselt tõeline usk! Heitkem siis ära kõik koormav ja patt, mis hõlpsasti takerdab meid ja püüdkem olla oma Isanda sarnased! Üksnes siis saab igaüks meie seast elada elu täis palvevastuseid ja õnnistusi, nii nagu Jeesus lubas meile Johannese 15:7: „Kui te jääte minusse ja minu Sõnad jäävad teisse, siis paluge, mida te iganes tahate, ning see sünnib teile."

Kui te ei ela veel niimoodi, siis vaadake tagasi oma elu peale, käristage oma süda lõhki ja parandage meelt sellest, et te ei ole Isandasse õigesti uskunud ning otsustage elada vaid Jumala Sõna kohaselt.

Ma palun meie Isanda Jeesuse Kristuse nimel, et igaühel teist võiks olla tõeline usk ja te võiksite kogeda Jumala väge ning austada Teda väga kõigi palvevastuste ja õnnistustega!

3. sõnum
Kalliskivist palju ilusam astjas

2. Timoteosele 2:20-21

*Aga suures majas ei ole üksnes kuld- ja hõbeastjaid,
vaid neid on ka puust ja savist –
osa auliseks, osa autuks tarbeks.
Kui nüüd keegi end puhastab neist vigadest,
siis ta saab auliseks astjaks,
pühitsetuks ja peremehele kasulikuks,
valmiks igale heale teole*

Jumal lõi inimkonna, et Ta võiks lõigata tõelisi lapsi, kellega tõelist vastuarmastust jagada. Jah, inimesed tegid pattu, nad läksid oma loomise tõelisest eesmärgist eemale ja said vaenlase kuradi ja saatana orjadeks (Roomlastele 3:23). Aga armastuse Jumal ei loobunud tõeliste laste saamisest. Ta avas päästetee inimestele, kes olid keset pattu. Jumal lasi oma ainsa Poja – Jeesuse Kristuse – risti lüüa, et Ta võiks kõik inimesed pattudest lunastada.

Selle hämmastava armastusega, millega käib kaasas suur ohver, avanes igaühele, kes usub Jeesust Kristust, pääsemise tee. Igaühele, kes usub oma südames, et Jeesus suri ja tõusis taas hauast üles ja tunnistab oma suuga, et Jeesus on ta Päästja, antakse jumalalapse õigus.

Jumala armsad lapsed on nagu „astjad"

Nii nagu kirjutatakse 2. Timoteosele 2:20-21: „Aga suures majas ei ole üksnes kuld- ja hõbeastjaid, vaid neid on ka puust ja savist – osa auliseks, osa autuks tarbeks. Kui nüüd keegi end puhastab neist vigadest, siis ta saab auliseks astjaks, pühitsetuks ja peremehele kasulikuks, valmiks igale heale teole," astjas on asjade hoidmiseks. Jumal kutsub oma lapsi „astjateks," sest Ta saab täita need oma armastuse ja armuga ja tõesõnaga ning oma väe ja meelevallaga. Seetõttu tuleb meil mõista, et sõltuvalt sellest, missugusteks astjateks me laseme end valmistada, võime me omada igasuguseid häid ande ja õnnistusi, mis Jumal on meie jaoks valmistanud.

Milline astjas on siis inimene, kelle elus võivad olla kõik Jumala poolt valmistatud õnnistused? See on astjas, mida Jumal peab kalliks, üllaks ja ilusaks.

Esiteks, „kallis" astjas täidab täielikult Jumalalt saadud ülesande. Ristija Johannes, kes valmistas Isand Jeesuse jaoks tee ja Mooses, kes viis iisraellased Egiptusest välja, kuuluvad sellesse kategooriasse.

Järgmiseks, „üllal" astjal on omadused nagu ausus, tõepärasus, otsusekindluse ja loomutruudus, mis on tavaliste inimeste korral harvaesinevad. Joosep ja Taaniel olid mõlemad võimsate maade peaministri ametiga võrdväärses ametis ja nad tõid sellistena Jumalale palju au. Viimaseks, Jumala ees „ilusal" astjal on hea süda, mis ei tülitse ega nääkle kunagi, vaid mis võtab tões kõik vastu ja sallib kõike. Ester, kes päästis oma kaasmaalased ja Aabraham, keda kutsuti Jumala „sõbraks," kuuluvad sellesse kategooriasse.

„Kalliskivist kaunimal astjal" on omadused, mis on Jumala silmis kallid, üllad ja ilusad. Kruusa sisse peidetud kalliskivi paistab otsekohe silma. Samamoodi on kõik Jumala lapsed, kes on veelgi kaunimad kui kalliskivid, kahtlemata silmatorkavad.

Suurem osa kalliskividest on oma suuruse kohta kallid, aga need on ilu ihaldavate inimeste silmis kütkestavad oma sädeluse ja paljude eri värvide tõttu. Aga kõiki sädelevaid kive ei peeta kalliskivideks. Ehtsatel juveelidel peab füüsilisele tahkele olekule lisaks olema ka värvivarjundid ja läige. Siin tähistab „füüsiline tahke olek" materjali kuumuskindlust ja seda, et ta ei saastu kokkupuutes muude ainetega ja selle kuju säilumist. Nende harva esinevus on samuti tähtis tegur.

Kui kallis, üllas ja ilus on astjas, mis hiilgab

suurejooneliselt, on füüsiliselt tahke ja harva esinev. Jumal tahab, et Ta lastest saaksid astjad, mis on kalliskividest palju ilusamad ja Ta tahab, et nad elaksid õnnistatud elu. Kui Jumal leiab taolised astjad, valab Ta neisse külluslikult oma armastuse ja heameele märke.

Kuidas me võime saada Jumala silmes kalliskividest ilusamateks astjateks?

Esiteks, te peate Jumala Sõna – tõe enese – kaudu oma südame pühitsemise lõpule viima.

Selleks, et astjat algsel otstarbel kasutada, peab see eelkõige puhas olema. Isegi kallihinnalist kuldastjat ei saa kasutada kui see on plekiline ja haiseb. Ainult siis kui see kallis kuldastjas tehakse veega puhtaks, saab seda kasutada eesmärgil, milleks see tehti.

Sama reegel kehtib jumalalastele. Jumal valmistas oma laste jaoks rikkalikud õnnistused ja erinevad annid, rikkuse ja tervise õnnistuse ja sarnast. Selleks, et neid õnnistusi ja ande saada, tuleb meil esiteks end puhasteks astjateks ette valmistada.

Jeremija 17:9 kirjutatakse: „Süda on petlikum kui kõik muu ja äärmiselt rikutud – kes suudab seda mõista?" Samuti kirjutatakse Matteuse 15:18-19, kus Jeesus ütleb: „Aga mis suust välja tuleb, lähtub südamest ja see rüvetab inimest, sest südamest lähtub kurje mõtteid, mõrvamist, abielurikkumist, hooramist, vargust, valetunnistust, pühaduseteotust." Seega me saame puhtaks astjaks alles pärast oma südame puhtakssaamist. Ükski puhas astjas ei mõtle enam „kurje mõtteid" ega räägi kurje sõnu ega tee kurje tegusid.

Südant saab puhtaks vaid vaimse veega – Jumala Sõnaga. Sellepärast õhutab Ta meid Efeslastele 5:26, et me „pühitseksime [end], olles puhtaks tehtud vees pesemisega Sõna läbi" ja Heebrealastele 10:22 julgustab Ta igaühte meie seast „minema Jumala ette siira südamega usukülluses, olles südame poolest piserdamisega puhastatud kurjast südametunnistusest ja ihu poolest pestud puhta veega!"

Kuidas siis vaimne vesi – Jumala Sõna – meid puhastab? Me peame olema kuulekad Piibli kuuekümne kuues raamatus leiduvatele erinevatele käskudele, mis on kirjutatud üles meie südame "puhastamiseks." Kui me täidame käske, mis keelavad meil midagi teha ja kus meil käsitakse millestki vabaneda, vabaneme me lõpuks kõigest, mis on patune ja kuri.

Tema Sõnaga südamed puhastanud inimeste käitumine muutub samuti ja hakkab näitama Kristuse valgust. Aga inimene ei saa Sõnale oma tugevuse ja tahtejõuga kuuletuda, Püha Vaim peab teda juhatama ja aitama.

Kui me kuuleme ja mõistame Sõna, avame oma südame ja võtame Jeesuse Päästjaks vastu, annab Jumal meile Püha Vaimu anni. Püha Vaim on inimestes, kes võtavad Jeesuse oma Päästjaks vastu ja aitab meil tõesõna kuulata ja mõista. Pühakirjas öeldakse, et "Lihast sündinu on liha, ja Vaimust sündinu on vaim" (Johannese 3:6). Jumalalapsed, kes saavad Püha Vaimu anni, võivad iga päev Püha Vaimu väega vabaneda patust ja kurjast ja saada vaimseteks inimesteks.

Kas keegi teie seast on kartlik või mures ja mõtleb: "Kuidas kõiki neid käske täita?"

1. Johannese 5:2-3 on meeldetuletus: "Sellest me tunneme ära, et armastame Jumala lapsi, kui me armastame Jumalat ja teeme Tema käskude järgi. See ongi Jumala

armastamine, et me peame Tema käske, ja Tema käsud ei ole rasked." Kui Jumalat kogu südamest armastada, ei ole Ta käske raske täita.

Kui vanematele sünnib laps, hoolitsevad vanemad lapse elus kõige eest, nad toidavad, riietavad, vannitavad last ja teevad muud sarnast. Teiselt poolt, kui vanemad hoolitsevad lapse eest, kes pole nende oma, võib see neile koormav tunduda. Aga taas, kui vanemad hoolitsevad lapse eest, kes on nende oma, ei tundu see tegevus iialgi tülikas. Isegi siis kui laps ärkab ja nutab keset ööd, ei tee see vanematele vaeva, kuna nad lihtsalt armastavad oma last väga. Armastatud inimese heaks millegi tegemine teeb väga rõõmsaks ja õnnelikuks, see ei ole raske ega ärritav ülesanne. Samamoodi, kui me tõesti usume, et Jumal on vaimude Isa ja et Ta lasi oma mõõtmatu armastuse tõttu oma Poja meie eest risti lüüa, kuidas me ei saaks Teda armastada? Pealegi, kui me armastame Jumalat, ei ole Ta Sõna järgi elu vaevanõudev. Selle asemel on vaevanõudev ja piinav kui Jumala Sõna järele ei elata või Tema tahet ei tehta.

Mul oli seitse aastat palju haigusi, kuni mu vanim õde viis mind jumalakotta. Sel hetkel kui ma pühamus põlvitasin, kohtusin ma elava Jumalaga ja sain Püha Vaimu tule ja tervenesin kohe kõikidest haigustest. See juhtus 17. aprillil, 1974. Edaspidi hakkasin ma igasugustel koosolekutel käima ja olin Jumala armu eest südamest tänulik. Sama aasta novembris osalesin ma esimesel äratuskoosolekul, kus ma hakkasin Tema Sõna ja kristlase elu põhialuseid õppima:

„Ah, niisugune on siis Jumal!"
„Ma pean kogu patust vabaks saama."
„See juhtub kui ma usun!"
„Ma pean jätma suitsetamise ja joomise."
„Ma pean pidevalt palvetama."
„Kümnise andmine on kohustuslik
ja ma ei peaks Jumala ette tühjade kätega tulema."

Ma kuulsin kogu nädala Jumala Sõna ja mu südames kajas vastu „Aamen!"

Pärast äratuskoosolekut lõpetasin ma suitsetamise ja joomise ja hakkasin andma kümnist ja tänuohvreid. Ma hakkasin ka vara hommikuti palvetama ja aja jooksul sai

Autor Dr. Jaerock Lee

minust palveinimene. Ma tegin täpselt nii nagu mulle õpetati ja hakkasin ka Piiblit lugema.

Ma sain otsekohe Jumala väe läbi terveks kõigist oma tõbedest ja haigustest, mida ei suutnud ravida ükski maailmas leiduv vahend. Seega võisin ma täielikult uskuda Piibli iga salmi ja peatükki. Kuna ma olin toona usus alles algaja, ei saanud ma mõnest Pühakirja osast lihtsalt aru. Aga ma hakkasin kohe kuuletuma neile käskudele, mida ma mõista suutsin. Näiteks, kui Piiblis keelati valetamine, ütlesin ma enesele: „Valetamine on patt! Piiblis keelatakse valetada, seega ma ei valeta." Ma palusin ka: „Jumal, palun aita mul vabaneda tahtmatust valetamisest!" Ma ei olnud inimesi kurja südamega petnud, aga sellest hoolimata ma palvetasin pidevalt, et ma enam ka tahtmatult ei valetaks.

Paljud inimesed valetavad ja suurem osa nende seast ei saa isegi aru, et nad valetavad. Kui keegi, kellega te telefonitsi rääkida ei taha, helistab, kas te pole oma lastele, kaastöötajatele või sõpradele ükskõikseltki öelnud: „Öelge talle, et mind pole siin." Paljud inimesed valetavad, sest nad „arvestavad teistega." Need inimesed valetavad näiteks siis, kui neilt küsitakse, kas nad tahaksid midagi süüa või juua kui nad teistel külas on. Isegi kui nad pole söönud või tunnevad janu, ei taha külalised sageli „tüliks" olla ja ütlevad sageli oma võõrustajatele: „Ei, tänan. Ma sõni (jõin) enne siiatulekut." Aga kui ma sain teada, et ka heade kavatsustega valetamine oli ikkagi valetamine, palvetasin ma pidevalt, et valetamisest vabaneda ja lõpuks suutsin ma vabaneda ka tahtmatutest valedest.

Lisaks tegin ma nimekirja kõigist kurjadest ja patustest asjadest, millest mul tuli vabaneda ja palvetasin nende eest. Alles siis kui ma veendusin, et ma olin kindlalt vabaks saanud mingist teatud kurjast ja patusest harjumusest või teost, võtsin ma punase pastapliiatsi ja tõmbasin need asjad ühekaupa nimekirjast maha. Kui mu elus oli midagi kurja ja patust, millest ma ei suutnud ka pärast otsusekindlat palvet lihtsalt vabaks saada, hakkasin ma viivitamatult paastuma. Kui ma ei suutnud seda pärast kolmepäevast paastu, pikendasin ma paastu viiele päevale. Kui ma sama pattu kordasin, tegin ma seitsmepäevase paastu. Aga ma pidin harva nädala paastuma, sest pärast kolmepäevast paastu suutsin ma suuremast osast pattudest ja kurjast vabaneda.

Ma sain puhtamaks astjaks, sedavõrd kui ma vabanesin selle protsessi kordamise teel kurjast.

Kolm aastat pärast Isandaga kohtumist vabanesin ma kõigest, mis oli Jumala Sõna vastu ja Ta võis mind puhtaks astjaks pidada. Lisaks, kuna ma pidasin kohusetruult ja usinalt kinni Tema käskudest, kaasa arvatud asjad, mida Ta teha ja pidada käskis, võisin ma kiiresti Tema Sõna järgi elama hakata. Jumal õnnistas mind küllaselt kui ma muutusin puhtaks astjaks. Mu perekond sai terviseõnnistuse. Ma suutsin kohe oma võlgadest vabaneda. Ma sain nii füüsilised kui ka vaimsed õnnistused. See on nii, kuna Piiblis kinnitatakse meile järgmist: „Armsad, kui meie süda ei süüdista, siis on meil julgust Jumala ees ja mida me iganes palume, seda me saame Temalt, sest me peame Tema käske ja teeme, mis on Tema silmis meelepärane" (1. Johannese 3:21-22).

Teiseks, selleks, et muutuda kalliskivist ilusamaks astjaks, tuleb teid „tules puhastada" ja vaimuvalgusega valgustada.

Kallihinnalised kalliskivid, mis on sõrmustes ja

kaelakeedes, olid kunagi ebapuhtad. Aga juveliirid puhastasid neid ja nad hakkasid kiirgama säravat valgust ja said ilusa kuju.

Nii nagu oskuslikud juveliirid lõikavad, poleerivad ja puhastavad neid kalliskive tules ja annavad neile uhke ning väga suure läikega kuju, kasvatab Jumal oma lapsi. Jumal ei kasvata neid pattude pärast, vaid et Ta võiks nende korralekutsumise kaudu neid füüsiliselt ja vaimselt õnnistada. Pattu ega mitte midagi väära teinud jumalalastele võib tunduda, et nad peavad taluma valu ja läbikatsumusi. See on protsess, mille läbi Jumal kasvatab ja distsiplineerib oma lapsi, et neist võiksid paista veelgi ilusamad värvid ja läige. 1. Peetruse 2:19 on meeldetuletus: „Sest see on arm, kui keegi südametunnistuse pärast Jumala ees talub viletsust, kannatades süütult." Samuti kirjutatakse, et „et teie usk läbikatsutuna leitaks palju hinnalisem olevat kullast, mis on kaduv, ent mida siiski tules läbi proovitakse, ja oleks teile kiituseks, kirkuseks ja auks Jeesuse Kristuse ilmumisel" (1. Peetruse 1:7).

Isegi kui jumalalapsed on juba vabanenud igasugusest kurjusest ja pühitsetud astjateks saanud, lubab Jumal neid oma äravalitud ajal korrale kutsuda ja läbi katsuda, et nad saaksid kalliskividest ilusamateks astjateks. Nii nagu 1. Johannese 1:5 teises pooles kirjutatakse: „Jumal on valgus, ja Temas ei ole mingit pimedust," kuna Jumal on ise auline rikkumata veatu valgus ise, juhib Ta oma lapsed samasugusele valguse tasemele.

Seega, kui te võidate Jumala poolt lubatud läbikatsumised headuse ja armastusega, saab teist veelgi kumavam ja ilusam astjas. Vaimse meelevalla ja väe tase erineb vastavalt vaimse valguse eredusele. Lisaks, kui vaimne valgus paistab, ei ole vaenlasel kuradil ja saatanal seismiseks kohta.

Markuse 9. peatükis on juhtum, kus Jeesus ajas välja kurja vaimu poisist, kelle isa palus, et Jeesus ta poja tervendaks. Jeesus sõitles kurja vaimu: „Sina keeletu ja kurt vaim, ma käsin sind, mine temast välja ja ära tule kunagi enam tema sisse!" (25. salm). Kuri vaim lahkus poisist, kes sai taas terveks. Enne seda sündmust oli teine vahejuhtum, kus isa tõi oma poja Jeesuse jüngrite juurde, kes ei suutnud kurja vaimu välja ajada. See ei olnud võimalik, kuna jüngrite vaimse valguse tase erines Jeesuse vaimse valguse tasemest.

Mida meil siis tuleb teha, et minna Jeesuse vaimse

valguse tasemele? Me võime olla võidukad igasugustes katsumustes, uskudes kindlalt Jumalat, võites kurja heaga ja isegi armastades oma vaenlast. Seega, kui teie headust, armastust ja õigsust peetakse ehtsaks, võite teie samamoodi nagu Jeesus ajada välja kurjasid vaime ja tervendada inimesi igasugustest tõbedest ja haigustest.

Kalliskividest ilusamate astjate õnnistused

Olles aastaid usuteel käinud, on mu elus arvukaid katsumusi olnud. Näiteks telesaate süüdistuse käigus mõne aasta eest kogesin ma läbikatsumist, mis oli sama valus ja piinav nagu surm. Inimesed, kes olid minu läbi armu leidnud ja paljud teised, keda ma pidasin kaua aega sama lähedaseks kui oma perekonda, reetsid mu, settides kui sade. Maailmalike inimeste jaoks muutusin ma vääriti mõistetavaks isikuks ja süüdistuste märklauaks, aga samal ajal kannatasid ka paljud Manmini liikmed, neile tehti liiga ja neid kiusati taga. Sellest hoolimata võitsime me Manmini liikmetega tolle läbikatsumise headusega ja kui me andsime kõik Jumala kätesse, palusime me armastuse ja halastuse Jumalal neile andestada.

Pealegi, ma ei vihanud ega hüljanud neid, kes lahkusid ja tegid asjad koguduse jaoks keeruliseks. Selle piinava katsumuse sees olles uskusin ma ustavalt, et mu Isa Jumal armastas mind. Niimoodi suutsin ma seista silmitsi ka nendega, kes olid mulle kurja teinud ja olla vaid headuse ja armastusega. Nii nagu õpilast tunnustatakse eksamil tema vaevanägemise ja teenete eest, said ka minu usk, headus, armastus ja õigsus Jumalalt ühel päeval tunnustuse. Ta õnnistas mind ja lasi mul oma väega tegutseda ning ilmutas veelgi suuremat väge.

Pärast läbikatsumist avas ta ukse maailmas misjonitöö tegemiseks. Jumal tegutses nii, et kümned ja sajad tuhanded ja isegi miljonid inimesed võisid minu peetud välismaistel koosolekutel koguneda ja Ta on olnud minuga oma väega, mis ületab aja ja ruumi.

Vaimne valgus, millega Jumal meid ümbritseb, on kumavam ja ilusam kui selle maailma kalliskivid. Jumal peab neid oma laste seast, keda Ta ümbritseb vaimse valgusega, kalliskividest ilusamateks astjateks.

Seega ma palun meie Isanda Jeesuse Kristuse nimel, et igaüks teist võiks saada kiiresti pühitsetud – astjaks, kust paistab läbikatsumistes kinnituse saanud vaimne valgus ja on ilusam kui kalliskivi, et te võiksite saada, mida iganes te palves palute ja elada õnnistatud elu!

4. sõnum
Valgus

1. Johannese 1:5

Ja see on sõnum,
mida me oleme kuulnud Temalt
ja kuulutame teile:
Jumal on valgus,
ja Temas ei ole mingit pimedust.

On erisuguseid valguseid ja igal neist on oma imeline võime. Valgus toob eelkõige pimedusse paiste, annab sooja ja tapab kahjulikke baktereid või seeni. Valgusega võivad taimed fotosünteesi abil elu säilitada.

Aga on olemas füüsiline valgus, mida me saame oma silmaga näha ja vaimne valgus, mida me ei saa näha ega puudutada. Nii nagu füüsiline valgus suudab mitmesugust korda saata, suudab ka vaimne valgus mõõtmatul moel sarnast teha. Kui valgus paistab öisel ajal, hääbub pimedus otsekohe.

Samamoodi, kui vaimne valgus paistab meie elus, hääbub vaimne pimedus kiiresti, kui me käime Jumala armastuses ja halastuses. Kuna vaimne pimedus on haiguste ja koduste, töiste ja suhteprobleemide juur, ei leia me tõelist tröösti. Aga kui vaimne valgus paistab me elus, leiavad inimese teadmiste ja oskuste piire ületavad probleemid lahenduse ja kõik meie soovid saavad vastuse.

Vaimne valgus

Mis on vaimne valgus ja kuidas see toimib? 1. Johannese 1:5 teises pooles kirjutatakse: „Jumal on valgus ja Temas ei ole mingit pimedust" ja Johannese 1:1: „Sõna oli Jumal." Kokkuvõttes ei tähista „valgus" mitte üksnes Jumalat, vaid ka Ta Sõna, mis on tõde, headus ja armastus. Enne kõikide asjade loomist oli Jumal üksinda tohutus universumis, millel puudus igasugune kuju. Jumal asus kogu universumis valguse ja heli kooslusena. Hiilgav, suurejooneline ja ilus valgus ümbritses kogu universumit ja sellest valgusest tuli kaunis, selge ja kõlav hääl.

Jumal, kes oli valguse ja heli kujul olemas, kavandas inimese kasvatamise ettehoolde, et saada tõelisi lapsi. Ta võttis enesele siis kuju, eraldus Kolmainsuseks ja lõi inimkonna oma kuju järele. Aga Jumala olemuseks on ikkagi valgus ja heli ja Ta toimib ikka valguse ja heli läbi. Isegi kui Ta on inimolendi kujul, on see kuju valguse ja Ta piiramatu väe kujuline.

Jumala väele lisaks on selles vaimses valguses teised tõeelemendid, kaasa arvatud armastus ja headus. Piibli kuuskümmend kuus raamatut sisaldavad vaimse valguse tõdesid, mida väljendatakse helina. Teiste sõnadega, „valgus" tähistab kõiki käske ja piiblisalme, mis puudutavad headust, õigsust ja armastust, kaasa arvatud „armastage üksteist," „palvetage lakkamatult," „pidage hingamispäeva," „täitke kümmet käsku" ja sarnast.

Selleks, et Jumalaga kohtuda, käige valguses

Sel ajal kui Jumal valitseb valguse maailma, valitsevad vaenlane kurat ja saatan pimeduse maailma. Pealegi, kuna vaenlane kurat ja saatan seisavad Jumalale vastu, ei saa pimeduse maailmas elavad inimesed Jumalaga kohtuda. Seetõttu peate te kiiresti tulema välja pimeduse maailmast ja sisenema valguse maailma, et kohtuda Jumalaga ja et saada vastused paljudele eluprobleemidele ja palvevastused. Piiblis on palju käske, kus meil käsitakse midagi teha. Nende hulgas on käsud: „armastage üksteist," „teenige üksteist," „palvetage," „olge tänulikud" ja sarnast. Seal on ka käsud, kus meil käsitakse teatud asjadest kinni pidada, kaasa arvatud „pidage hingamispäeva," „pidage kümmet käsku," „pidage Jumala käsuseadusi" ja sarnast. Siis on seal palju käske, kus meil keelatakse millegi tegemine, kaasa arvatud „ärge valetage," „ärge vihake," „ärge taotlege omakasu," „ärge kummardage ebajumalaid," „ärge varastage," „ärge olge armukadedad," „ärge tundke kadedust," „ärge pekske keelt" ja sarnast. Seal on ka käsud, kus meid käsitakse vabaneda millestki, kaasa arvatud „vabanege igasugusest kurjast," „vabanege kadedusest ja armukadedusest," „vabanege ahnusest" ja sarnast.

Teisalt, nende Jumala käskude täitmine tähendab elu valguses, sarnanedes meie Isandale ja Isa Jumalale. Aga kui te ei tegutse nii, nagu Jumal teil teha käsib ega pea kinni sellest, mida Ta tahab ning teete seda, mida Ta teha keelab ning ei vabane nendest asjadest, millest Ta teid vabana näha tahab, jääte te edasi pimedusse. Seega, kui te peate meeles, et Jumala Sõnale mitte kuuletumine tähendab, et me oleme pimeduse maailmas, mida valitsevad vaenlane kurat ja saatan, peame me alati elama Tema Sõna järgi ja valguses käima.

Osadus Jumalaga, kui me käime valguses

Nii nagu 1. Johannese 1:7 esimeses osas kirjutatakse: „Aga kui me käime valguses, nõnda nagu Tema on valguses, siis on meil osadus omavahel," ainult siis kui me käime ja elame valguses, võib meil olla osadus Jumalaga.

Nii nagu isa ja laste vahel on osadus, peab ka meil olema osadus Jumalaga, meie vaimu Isaga. Aga Temaga osaduse rajamiseks ja hoidmiseks peame me vastama ühele tingimusele: vabanema patust valguses käimise kaudu. Sellepärast „Kui me ütleme: „Meil on osadus Temaga", kuid käime pimeduses, siis me valetame ega tee tõtt." (1. Johannese 1:6).

„Osadus" ei ole ühepoolne. Lihtsalt seetõttu, et te kedagi tunnete, ei tähenda see veel, et teil oleks temaga osadus. Ainult siis kui mõlemad osapooled on piisavalt lähedased, et teineteist tunda, usaldada, sõltuda teineteisest ja vestelda, on nende vahel „osadus."

Näiteks, suurem osa teie seast teab oma riigi kuningat või presidenti. Hoolimata sellest kui hästi te presidenti või tema kohta ka ei teaks, kui tema ei tunne teid, siis teie ja presidendi vahel puudub osadus. Pealegi, osaduses on erinevad sügavused. Te võite olla pelgalt tuttavad; te võite tunda veidi lähemalt ja pärida aeg-ajalt, kuidas teie käsi käib või teil võib olla lähedane suhe, kus te jagate isegi kõige suuremaid saladusi.

Sama on meie ja Jumala vahelise osadusega. Selleks, et meie osadus Temaga oleks tõeline, peab Jumal meid tundma ja tunnistama. Kui meil on sügav osadus Jumalaga, me pole haiged ega nõrgad ja me saame kõik palvevastused. Jumal tahab anda oma lastele üksnes parimat ja ütleb 5. Moosese raamatu 28. peatükis, et kui me kuuletume Jumalale täiesti ja peame hoolikalt kõiki Ta käske, oleme me õnnistatud sisse tulles ja välja minnes, siis me laename välja, aga ei pea ise laenu võtma ja me oleme pea ja mitte saba.

Usuisad, kellel oli Jumalaga tõeline osadus

Milline osadus oli Jumalaga Taavetil, keda Jumal pidas „meelepäraseks" (Apostlite teod 13:22)? Taavet armastas ja kartis Jumalat ja sõltus alati täielikult Temast. Kui ta jooksis

Sauli eest ära või läks lahingusse, küsis Taavet alati Jumalalt nõu nagu laps küsib oma vanemalt, mida ta tegema peaks. Taavet küsis alati: „Kas ma peaksin minema? Kuhu ma minema peaksin?" ja tegi nii nagu Jumal tal teha käskis. Lisaks vastas Jumal Taavetile alati leebelt ja üksikasjalikult ja Taavet tegi seda, mida Jumal tal teha käskis ning sai ühe võidu teise järel (2. Saamueli raamat 5:19-25).

Taaveti suhe Jumalaga oli ilus, sest ta oli oma usu tõttu Jumalale meeltmööda. Näiteks, kuningas Sauli valitsuse alguses tungisid vilistid Iisraeli. Viliste juhatas Koljat, kes pilkas Iisraeli vägesid ja Jumalat ja seisis Jumala nimele avalikult vastu. Kuid keegi Iisraeli leerist ei julgenud Koljatile vastu hakata. Sel ajal läks Taavet Koljati vastu relvitult, üksnes viie jõest võetud lutsukiviga, kuigi ta oli alles noormees, sest ta uskus Iisraeli kõigeväelisesse Jumalasse ja seda, et see oli Jumala lahing (1. Saamueli raamat 17. peatükk). Jumal tegutses nii, et Taaveti kivi tabas Koljati otsmikku. Pärast Koljati surma olukord muutus ja Iisrael sai täie võidu.

Jumal pidas Taavetit ta tugeva usu tõttu „omale meelepäraseks" ja nii nagu lähedases suhtes olevad isa ja poeg arutavad iga asja, oli Taavet kõigeks suuteline, kuna Jumal oli tema poolel.

Piiblis öeldakse samuti, et Jumal rääkis Moosesega palgest palgesse. Näiteks, kui Mooses palus julgelt, et Jumal näitaks talle oma palet, oli Jumal valmis andma talle kõike, mida ta palus (2. Moosese raamat 33:18). Kuidas võis Moosesel olla lähedane sõbrasuhe Jumalaga?

Varsti pärast seda kui Mooses viis Iisraeli rahva Egiptusest välja, ta paastus ja rääkis Jumalaga Siinai mäe tipus neljakümne päeva jooksul. Kui Moosese tagasitulek viibis, lõid iisraellased ebajumala, mida kummardada. Jumal nägi seda ja ütles Moosesele, et Ta hävitab iisraellased ning teeb hoopis Moosesest suure rahva (2. Moosese raamat 32:10).

Seda kuuldes palus Mooses Jumalat: „Pöördu oma tulisest vihast ja kahetse kurja, mida Sa kavatsed teha oma rahvale" (2. Moosese raamat 32:12). Järgmisel päeval palus ta taas Jumalat: „Oh häda! See rahvas on teinud suurt pattu ja on enesele valmistanud kuldjumalad. Kui Sa nüüd siiski annaksid andeks nende patu! Aga kui mitte, siis kustuta mind oma raamatust, mille oled kirjutanud!" (2. Moosese raamat 32:31-32) Missugused hämmastavad südamest tulevad palved!

Lisaks kirjutatakse 4. Moosese raamatus 12:3: „Aga mees, Mooses, oli väga alandlik, alandlikum kõigist inimestest maa peal." 4. Moosese raamatus 12:7 kirjutatakse: „Nõnda aga ei ole mu sulase Moosesega: tema on ustav kogu mu kojas." Mooses võis oma suure armastuse ja tasase südame tõttu olla kogu Ta kojas ustav ja tal oli Jumalaga lähedane suhe.

Õnnistused neile, kes käivad valguses

Jeesus, kes tuli maailma kui maailma valgus, õpetas ainult tõde ja taevast evangeeliumi. Aga pimeduse küüsis olevad inimesed, kes kuulusid vaelasele kuradile, ei saanud valgusest aru ka selgituste peale. Pimeduse maailmas olevad inimesed ei suutud valgust vastu võtta oma vastupanu tõttu ega pääseda, selle asemel läksid nad hävingu teed.

Hea südamega inimesed hakkavad nägema oma patte,

parandavad neist meelt ja pääsevad tõevalguse kaudu. Kui nad järgivad Püha Vaimu soove, sünnivad nende elus iga päev vaimsed asjad ja nad käivad valguses. Tarkuse või võimete puudumine ei ole nende jaoks enam probleemiks. Nad seavad sisse osaduse Jumalaga, kes on valgus ja hakkavad kuulma Püha Vaimu häält ja juhatust. Siis läheb kõik nendega hästi ja nad saavad taevast tarkust. Isegi kui neil on probleeme, mis on nii keerukad nagu ämblikuvõrk, ei peleta neid miski probleemide lahendamisel ja ükski takistus ei suuda nende teed tõkestada, kuna Püha Vaim juhatab iga nende sammu.

Nii nagu 1. Korintlastele 3:18 õhutatakse: „Ärgu ükski petku ennast! Kes teie seas tundub endale targana selles maailmas, see saagu narriks, et ta saaks targaks!", peame me aru saama, et selle maailma tarkus on Jumala silmis narrus.

Nii nagu Jakoobuse 3:17 öeldakse: „Aga ülalt pärinev tarkus on esmalt puhas, siis rahumeelne, leebe, kuulekas, tulvil halastust ja häid vilju, erapooletu, teeskluseta." Kui me saame pühitsetud ja hakkame valguses elama, tuleb meie üle taevane tarkus. Kui me valguses käime, liigume me tasemele, kus me oleme õnnelikud ka siis kui meil on puudus ja me ei tunne, et meil oleks millestki puudus ka siis kui me tõepoolest puudust kannatame.

Apostel Paulus tunnistab Filiplastele 4:11: „Ma ei ütle seda pudduse pärast, kuna ma olen õppinud olema rahul sellega, mis mul on." Samamoodi, kui me käime valguses, on meil Jumala rahu, millest tuleb rahu ja rõõm ning see voolab meist välja. Inimesed, kes teevad teistega rahu, ei tülitse ega ole oma perekonna suhtes vaenulikud. Selle asemel ei lakka nende huuled tänu toomast, kui armastus ja arm nende südamest välja voolab.

Lisaks, kui me valguses käime ja oleme Jumalale võimalikult sarnased, nii nagu Ta meid käsib 3. Johannese 1:2: „Armas, soovin sulle, et sul läheks igati hästi ja sa oleksid terve, nõnda nagu läheb hästi su hingel," ei saa me kindlasti mitte vaid rikkuse õnnistusi kõiges, vaid ka valguse Jumala meelevalla, võimekuse ja väe.

Pärast seda kui Paulus kohtus Isandaga ja käis valguses, võimaldas Jumal tal ilmutada hämmastavat väge paganate apostlina. Isegi kui Stefanos või Filippus ei olnud prohvetid ega Jeesuse jüngrid, oli Jumal ikkagi nende kaudu suuresti tegev. Apostlite teod 6:8 kirjutatakse: „Aga Stefanos, täis

armu ja väge, tegi imetegusid ja suuri tunnustähti rahva seas." Apostlite teod 8:6-7 kirjutatake lisaks: „Rahvahulk pani üksmeelselt tähele, mida Filippus ütles, kuuldes teda ning nähes tunnustähti, mida ta tegi. Sest paljudest, kel olid rüvedad vaimud, läksid need välja valju häälega kisendades, palju haavatuid ja jalutuid aga sai terveks."
Jumala väge võib ilmutada sel määral, mil määral inimene saab pühitsetud, valguses käies ja Isandale sarnanedes. Jumala vägi on ilmnenud üksnes väheste inimeste läbi. Aga ka nende hulgas, kelle läbi Ta vägi võis ilmsiks saada, erines ilmnenud väe suurus eri inimeste puhul vastavalt sellele, kui palju nad sarnanesid Jumalale, kes on valgus.

Kas ma elan valguses?

Selleks, et saada hämmastavat õnnistust, mis antakse neile, kes valguses käivad, peab igaüks meie seast esiteks eneselt küsima, end läbi uurides: „Kas ma elan valguses?"
Isegi kui teil pole spetsiaalseid probleeme, peaksite te

end läbi katsuma, et näha, kas ta olete ehk elanud Kristuses „leigelt" või kas te pole ehk Püha Vaimu kuulanud või Tal oma elu juhtida lubanud. Niisugusel juhul peate te oma vaimsest unest ärkama.

Kui te olete vabanenud mingil määral ja mingis koguses kurjast, ei peaks te sellega rahulduma; nii nagu laps kasvab täiskasvanuks, peate ka teie saama isade usu. Teil peaks olema Jumalaga väga sügav osadus ning te peaksite Temaga lähedane olema.

Kui te liigute pühitsuse suunas, peate te leidma ka vähima kurjuseraasu ja selle välja juurima. Mida rohkem meelevalda teil on ja mida suuremaks juhiks te saate, seda rohkem tuleb teil esiteks teisi teenida ja nende huvisid taotleda. Kui teised, kaasa arvatud teist vähemad, näitavad teie puudujääkide peale, peate te olema suuteline seda kuulda võtma. Selle asemel, et tunda halvakspanu või ebamugavust ja võõrduda neist, kes eksivad inimese teedelt ja teevad kurja, peate te suutma neid armastuse ja lahkusega sallida ning südantliigutavalt liikvele panna. Te ei pea kedagi eirama ega põlastama. Samamoodi ei tohiks te oma õigusega kellessegi hoolimatult suhtuda ega rahu rikkuda.

Ma olen näidanud armastust üles nooremate, vaesemate ja nõrgemate inimeste vastu ja neid armastanud. Nii nagu lapsevanemad, kes hoolivad rohkem oma nõrkadest ja haigetest lastest kui tervetest, palvetasin ma rohkem niisugustes oludes olevate inimeste eest ja ei olnud nende suhtes kunagi osavõtmatu ning püüdsin neid kogu südamest teenida. Neil, kes käivad valguses, peab olema kaastunne ka nende vastu, kes on teinud palju paha ning nad peavad suutma neile andeks anda ja nende patte katta, selle asemel, et nende süüd avalikustada.

Ka Jumala tööd tehes ei tohiks te oma teeneid esile tõsta ega näidata, vaid tunnustage tööd, mida tegid teie kaastöötajad. Kui nende tööd tunnustatakse ja kiidetakse, peaks see teid õnnelikumaks ja rõõmsamaks tegema.

Kas te suudate ette kujutada, kui palju Jumal armastab oma lapsi, kelle süda on meie Isanda südame sarnane? Nii nagu Jumal käis 300 aastat Eenokiga, käib Ta ka oma lastega, kes Talle sarnanevad. Lisaks ei õnnista Ta neid vaid tervise ja hea käekäiguga, vaid ka oma väega, millega Ta kasutab neid kallihinnaliste astjatena.

Seega ma palun meie Isanda Jeesuse Kristuse nimel, et ka siis kui te arvate, et teil on usk ja te armastate Jumalat, te katsuksite end taas läbi ja vaataksite, kui palju Jumal teie usku ja armastust tegelikult tunnustab ja käiksite valguses, et Ta armastuse tõendused võiksid teie elu üle ujutada ja te oleksite Temaga osaduses!

5. *sõnum*
Valguse vägi

1. Johannese 1:5

Ja see on sõnum,
mida me oleme kuulnud Temalt
ja kuulutame teile:
Jumal on valgus,
ja Temas ei ole mingit pimedust.

Piiblis on palju juhtumeid, kus arvukad inimesed said Jumala Poja Jeesuse kaudu ilmnenud Jumala väe hämmastava toime tulemusel päästetud, terveks ja palvevastused. Jeesuse käsu peale tervenesid inimesed kohe igasugustest haigustest ja nõrgad said tugevaks ning taastusid.

Pimedad said nägijaks, tummad hakkasid rääkima ja kurdid kuulma. Kuivetunud käega mees sai terveks, jalutu hakkas taas käima ja halvatud tervenesid. Lisaks aeti kurjad vaimud välja ja surnud ärkasid taas ellu.

Need hämmastavad Jumala väeteod ei ilmnenud ainult Jeesuse kaudu, vaid ka paljude Vana Testamendi prohvetite ja Uue Testamendi apostlite kaudu. Muidugi ei saa Jeesuse kaudu ilmnenud Jumala väge võrrelda prohvetite ja apostlite läbi ilmnenuga. Sellegipoolest andis Ta väe neile, kes sarnanesid Temale ja Jumalale ja kasutas neid oma astjatena. Jumal, kes on valgus, ilmutas oma väge Stefanose ja Filippuse sarnaste diakonide kaudu, sest nad olid pühitsetud valguses käimise ja Isandale sarnanemise läbi.

Apostel Paulus ilmutas nii suurt väge, et teda peeti lausa "Jumalaks"

Kõigi isikute seast Uues Testamendis sai apostel Pauluse kaudu ilmsiks Jumala vägi, mis jäi vaid Jeesuse omale alla. Apostel Paulus kuulutas evangeeliumi paganatele, kes ei tundnud Jumalat ja ta kaudu ilmnev Jumala vägi jäi alla vaid Jeesuse omale. Ta kuulutas evangeeliumi paganatele, kes ei tundnud Jumalat ja meelevallasõnumeid, mida kinnitasid imed ja tunnustähed. Sellise väega võis Paulus anda tunnistust Jumala tõelisest jumalikkusest ja Jeesusest Kristusest.

Kuna tol ajal valitses ohjeldamatu ebajumalakummardamine ja loitsimine, pidi paganate hulgas olema inimesi, kes eksitasid teisi. Evangeeliumi viimiseks neile oli vaja Jumala väe ilminguid, mis ületasid igasuguse väära loitsimise ja kurjade vaimude töö (Roomlastele 15:18-19).

Apostlite teod 14:8 edasi kirjeldatakse sündmust, kus apostel Paulus kuulutas evangeeliumi Lüstra piirkonnas. Kui Paulus kandis eluaeg kõndimisvõimetule mehele käsu: „Tõuse püsti!", tõusis mees ja hakkas käima (Apostlite teod 14:10). Kui inimesed nägid seda, tunnistasid nad: „Jumalad on inimeste sarnastena tulnud alla meie juurde" (Apostlite teod 14:11). Apostlite tegude 28. peatükis on juhtum, mille käigus apostel Paulus saabus pärast laevahukku Malta saarele. Seal korjas ta kokku hulga hagu ja asetas selle lõkkesse, sealt aga tuli palavuse tõttu välja mürkmadu ja hakkas tema käest kinni. Kui saareelanikud seda nägid, ootasid nad, et ta tursub üles või langeb surnult maha, aga kui nad nägid, et Paulusega ei juhtunud midagi iseäralikku, ütlesid nad ta olevat jumala (6. salm).

Kuna apostel Paulusel oli Jumala ees õige süda, võis Jumala väetegu tema kaudu ilmneda sedavõrd, et inimesed hakkasid teda „jumalaks" pidama.

Valguse Jumala vägi

Väge ei anta lihtsalt kellelegi, kes seda soovib; see antakse ainult Jumala sarnastele pühitsetud inimestele. Jumal otsib ka tänapäeval inimesi, kellele anda oma vägi, mida kasutada auastjates. Tollepärast meenutatakse Markuse 16:20: „Aga jüngrid läksid välja ja kuulutasid kõikjal, ning Isand toetas neid ja kinnitas Sõna tunnustähtedega." Jeesus ütles ka Johannese 4:48: „Te usute mind ainult siis, kui näete tunnustähti ja imetegusid."

Arvukate inimeste päästekutsele viimiseks on vaja taevast väge, mis ilmneb imede ja tunnustähtedena, mis annavad omakorda tunnistust elavast Jumalast. Ajastul, mil patt ja kurjus edenevad eriti palju, on imed ja tunnustähed varasemast veelgi vajalikumad.

Kui me käime valguses ja saame Isa Jumalaga vaimus üheks, võib meie läbi ilmneda sama suur vägi, mis ilmnes Jeesuse kaudu. See võib sündida, kuna Isand andis lubaduse: „Tõesti, tõesti, ma ütlen teile, kes usub minusse, see teeb neidsamu tegusid, mida mina teen, ja ta teeb nendest hoopis suuremaid, sest mina lähen Isa juurde" (Johannese 14:12).

Kui kellegi kaudu ilmneb vaimumaailma vägi, mis on võimalik ainult Jumalaga olles, tuleb seda inimest Jumalast olevaks pidada. Laul 62:12 meeldetuletuse kohaselt: „Kord on Jumal rääkinud, kaks korda ma olen seda kuulnud, et Jumalal on vägi," vaenlane kurat ja saatan ei saa Jumalale kuuluva väe sarnast väge ilmutada. Muidugi on neil vaimolenditena ülim vägi inimeste eksitamiseks ja selleks, et sundida neid Jumalale vastu hakkama. Aga üks asi on kindel: ükski muu olend ei suuda järele teha Jumala väge, millega Ta valitseb elu, surma, õnnistust, needust ja inimkonna ajalugu ning loob eimillestki midagi. Vägi kuulub sfääri, kus asub Jumal, kes on valgus ja võib ilmneda vaid nende kaudu, kes on pühitsetud ja saanud Jeesuse Kristuse usumõõdu.

Jumala meelevalla, võimekuse ja väe erinevused

Jumala võimekust määrates või sellele osutades võrdsustavad paljud meelevalla võimega või võime väega; aga nende kolme vahel on läbipaistev erinevus.

„Võime" on usuvägi, mille teel midagi inimese jaoks võimatut on Jumalale võimalik. „Meelevald" on Jumala kehtestatud pühalik, väärikas ja majesteetlik vägi ja vaimusfääris on vägi patuta olek. Teiste sõnadega, meelevald on pühitsus ja need Jumala pühitsetud lapsed, kes on kurjast ja valest oma südames täielikult vabanenud, saavad vaimset meelevalda vastu võtta.

Mis siis on „vägi"? See tähistab Jumala võimet ja meelevalda, mille Ta annab neile, kes väldivad igasugust kurja ja on pühitsetud.

Vaadake seda näidet. Kui juhil on sõiduki juhtimise „võime", siis liikluse reguleerijal, kes liiklust juhatab, on „meelevald" igasuguse sõiduki peatamiseks. Selle meelevalla – peatada ükskõik millist sõidukit ja need tagasi teele saata – andis reguleerijale valitsus. Seetõttu, isegi siis kui juhil on sõiduki juhtimise „võime", peab ta kuuletuma kui liiklust reguleeriv ametnik käsib tal peatuda või edasi sõita, kuna tal puudub liikluspolitseiniku „meelevald."

Sel viisil erinevad meelevald ja võimekus ja meelevalla ning võime ühendamist kutsutakse väeks. Matteuse 10:1 kirjutatakse, et „Ja Jeesus kutsus oma kaksteist jüngrit enese juurde ning andis neile meelevalla rüvedate vaimude üle neid välja ajada ja parandada kõiki haigusi ja igasugust nõtrust." Väega kaasneb „meelevald" kurjade vaimude väljaajamiseks ja „võime" tervendada igasugust haigust ja nõtrust.

Tervendusanni ja väe erinevus

Need, kes ei tea valguse – Jumala enese – väge, võrdsustavad seda sageli tervendusanniga. Tervendusand, millest räägitakse 1. Korintlastele 12:9, tähistab viirusnakkushaiguste toime ära põletamist. See ei suuda terveks teha ihuliikmete kärbumise või närvirakkude surma tagajärjel tekkinud kurtust ega tummust. Niisuguseid haigusi ja nõtrusi saab tervendada vaid Jumala väe ja Talle meelepärase usu palvega. Pealegi, kui valguse Jumala vägi ilmneb alati, ei toimi tervendusand alati.

Teisalt, Jumal annab tervendusande neile inimestele, kes armastavad teisi inimesi ja palvetavad palju nende ja nende vaimu eest ning keda Jumal peab julgeteks ja kasulikeks astjateks, hoolimata nende inimeste südame pühitsuse määrast. Aga kui tervendusandi ei kasutata Tema austamiseks, vaid ebaõigelt ja inimese omakasuks, võtab

Jumal selle kindlasti tagasi.

Teisest küljest, Jumala väe saavad vaid need, kelle süda on pühitsetud ja kui see kord antakse, see ei vähene ega hääbu, kuna saaja ei kasuta seda kunagi omakasu jaoks. Selle asemel, mida enam inimene sarnaneb Isanda südamele, seda suurema väetaseme Jumal talle annab. Kui inimese süda ja käitumine saavad Isanda omaga üheks, võib taolise inimese läbi ilmneda samasugune Jumala väe toime nagu Jeesuse läbi ilmnes.

Jumala vägi ilmneb erinevatel viisidel. Tervendusand ei suuda terveks teha tõsistest või harva esinevatest haigustest ja vähese usuga inimestel on tervendusanni kaudu raskem terveneda. Aga valguse Jumala väega pole midagi võimatut. Kui ravivajaja näitab kasvõi vähimatki usku üles, toimub Jumala väe abil tervenemine otsekohe. Siin tähistab „usk" vaimset usku, millega inimene usub kogu südamest.

Valguse Jumala väe neli taset

Jeesuse Kristuse läbi, kes on sama eile ja täna, ilmneb Jumala vägi iga Jumala silmis sobiva astja läbi.

„Ma valasin pisaraid päeval ja ööl.
Mulle tegi veel rohkem valu
kui inimesed pidasid mind
„aidsihaigeks lapseks."

Isand tervendas mind
oma väega
ja tõi mu perele naeru.
Ma olen praegu nii õnnelik!

Esteban Juninka Hondurasest, tervenes AIDSist

Jumala vägi ilmneb paljudel eri viisidel. Mida rohkem te vaimus olete, seda suurema väetasandi te saavutate ja saate. Inimesed, kelle vaimsed silmad on avatud, võivad näha erinevaid valgusepaiste tasemeid, mis vastavad Jumala väe igale tasandile. Inimolendid võivad loodud olevustena ilmutada Jumala väe nelja tasandit.

Esimene Jumala väe tasand ilmneb punase valgusena, mis hävitab Püha Vaimu tulega.

Püha Vaimu tuli purskub esimeselt väetasandilt, mis ilmneb punase valgusena ja see põletab ning tervendab haigustest, kaasa arvatud pisik- ja viirusnakkushaigused. Inimesed võivad terveneda haigustest nagu vähk, kopsuhaigused, diabeet, leukeemia, neeruhaigused, artriit, südamehaigused ja AIDS. Aga see ei tähenda, et esimese väetasandi juures inimesed terveneksid kõigist ülalmainitud haigustest. Neile, kes on liikunud juba Jumala seatud elu piiridest väljapoole ja on näiteks vähi või kopsuhaiguse viimases staadiumis, ei piisa esimesest väetasandist.

Kahjustatud või õigesti mitte toimivate ihuliikmete taastamiseks on vaja suuremat väge, mis üksnes ei tervenda,

„Ma nägin valgust...
Lõpuks sain ma välja
neljateist aasta pikkusest tunnelist...
Ma kaotasin igasuguse lootuse,
aga ma sündisin uuesti
Isanda väe abil!"

Shama Masaz Pakistanist,
vabanes 14 aastat kestnud deemonlikust seestumisest

vaid ka ehitab üles uued ihuliikmed. Isegi sel juhul määrab ravivajaja usu ülesnäitamise määr ja ta pere armastuse teel usu osutamise suurus Jumala ilmsiks saava väe tasandi.

Manmini Keskkoguduse algusest saadik on esimese tasandi vägi ilmnenud arvukatel kordadel. Kui inimesed kuuletusid Jumala Sõnale ja nende eest palvetati, puhastusid nad igasugustest eri raskusastmega haigusseisunditest. Me nägime pidevalt, kuidas Jumal tervendas kui inimesed surusid mu kätt või puudutasid mu riietuse äärt või neile pandi peale palverätik, mille eest ma palvetanud olin või nad tervenesid automaatse telefonisõnumi kuulamise peale või kui ma palvetasin haigete inimeste fotode eest.

Esimese väetasandi toime ei piirdu Püha Vaimu tule kaudu haiguse hävitamisega. Isegi kui keegi palvetab hetke usus ja Püha Vaim õhutab, mõjutab ja täidab ta, võib ta kaudu ilmneda veelgi suurem Jumala väe toime. Aga see juhtub ajutiselt ning vaid Tema tahte kohaselt sobival juhul ja ei tõenda inimeses püsivalt olevat Jumala väge.

Teine Jumala väe tase ilmneb sinise valgusena.

Malaki 3:20 kirjutatakse: „Aga teile, kes te mu nime

kardate, tõuseb õiguse päike ja paranemine tema tiibade all Te lähete siis välja ja lööte kepsu nagu nuumvasikad." Inimesed, kelle vaimusilmad on avatud, näevad laservalguse laadseid tervenemise kiiri.

Teise tasandi vägi ajab pimeduse ära ja vabastab deemonite poolt seotud, saatana valitsuse all ja eritüüpi kurjade vaimude alluvuses olevad inimesed. Teise tasandi väega tervenevad inimesed erinevatest vaimuhaigustest, mille taga seisavad pimeduse jõud, kaasa arvatud autism, närvivapustus ja muu sarnane. Niisuguseid haigusi saab takistada kui me „rõõmustame alati" ja „täname kõige eest." Kui te alati rõõmus oleku ja igas olukorras tänamise asemel hakkate teisi vihkama, haudute halbu tundeid, mõtlete negatiivselt ja vihastute kergelt, olete te niisugustele haigustele vastuvõtlikum. Kui saatana väed, mis ajavad inimese kurje mõtteid ja südant omama, aetakse minema, tervenevad inimesed loomulikul teel kõikidest taolistest vaimuhaigustest.

Vahel tervenevad inimesed Jumala teise tasandi väe abil füüsilistest haigustest ja nõtrustest. Jumala väe teise tasandi valgus tervendab inimesed niisugustest deemonite ja kurjade vaimude tegevuse tõttu tulnud haigustest ja nõtrustest. Siin tähistavad "nõtrused" ihuliikmete taandarengut ja halvatust nagu näiteks tummade, kurtide, vigaste, pimedate, sünnist saadik halvatute ja sarnase korral. Markuse 9:14 ja edasi räägitakse juhtumist, kus Jeesus ajas poisist välja "kurttumma vaimu" (25. salm). Poiss muutus kurttummaks temas oleva kurja vaimu tõttu. Kui Jeesus ajas vaimu välja, sai poiss kohe terveks.

Samamoodi, kui haiguse põhjuseks on pimeduse jõud, tuleb haige tervenemiseks kurjad vaimud välja ajada. Kui keegi sai närvivapustuse tulemusel seedehäired, tuleb too põhjus välja juurida saatana väe väljaajamise kaudu. Niisuguste haiguste taga nagu halvatus ja artriit, võib samuti olla pimedusejõudude ja selle jäänukite toime. Vahel on inimeste ihus eri kohtades valu, kuigi arstiteadus ei suuda mingit füüsilist viga leida. Kui ma palvetan kellegi eest, kellel on niisugused vaevused, näevad avatud vaimusilmadega inimesed sageli, kuidas haige ihust lahkuvad jäledate loomakujude laadsed pimedusejõud.

Valguse Jumala teise tasandi väega võib haiguste ja nõtruste taga seisvate pimedusejõudude väljaajamisele lisaks ajada välja ka pimedusejõude, mis on kodu, töökoha ja

„Oh, Jumal!
Kuidas on see võimalik?
Kuidas on võimalik, et ma käin?"

Vana Keenia naine hakkas käima kõnepuldist tehtud palve peale

tööga seotud. Kui inimene, kelle kaudu ilmneb Jumala teise tasandi vägi, külastab neid, kes kogevad oma kodus tagakiusu ja töiseid probleeme, tulevad nende inimeste ellu nende tegudele vastavad õnnistused kui pimedus aetakse välja ja selle asemele tuleb valgus.

Surnute elluäratamine või kellegi elu lõpetamine Jumala tahte kohaselt on samuti Jumala teise tasandi väetegu.

Järgmised juhtumid liigituvad sellesse kategooriasse: apostel Paulus äratas Eutühhose ellu (Apostlite teod 20:9-12); Ananias ja Safiira petsid apostel Peetrust, mille peale viimane needis neid ja nad surid (Apostlite teod 5:1-11); ja Eliisa, kes needis lapsi, kes surid samuti (2. Kuningate raamat 2:23-24).

Kuid Jeesuse, apostel Pauluse ja Peetruse ja prohvet Eliisa teod erinesid oluliselt. Lõpuks pidi kõigi vaimude Isand Jumal lubama, kas kedagi ellu jätta või ära võtta. Aga kuna Jeesus ja Jumal olid samad, tahtis Jumal sama, mida Jeesus. Sellepärast võis Jeesus surnud Jumala Sõnaga käsku andes ellu äratada (Johannese 11:43-44), kuna aga teised apostlid ja prohvetid pidid kellegi elustamise jaoks küsima Jumala tahet ja Ta heakskiitu.

„Isegi kui ma ei tahtnud näha oma ihu,
mis oli ära keenud...

Kui ma olin üksinda,
tuli Ta minu juurde,
sirutas välja oma käe
ja pani mu oma kõrvale...

Tema armastus ja pühendumine
andsid mulle uue elu.
Kas on midagi,
mida ma ei teeks Issanda heaks?"

Vanemdiakoness Eundeuk Kim,
tervenes kolmanda järgu põletusest
pealaest jalatallani

Väe kolmandal tasandil ilmneb Jumala vägi valge või värvitu valgusena ja sellega kaasnevad igasugused tunnustähed ja loomise teod.

Valguse Jumala väe kolmandal tasandil ilmnevad igasugused tunnustähed ja loomise teod. Siin tähistavad „tunnustähed" tervenemisi, mille kaudu pimedad saavad nägijaks, tummad hakkavad rääkima ja kurdid kuulma. Jalust vigased tõusevad ja kõnnivad ja inimesed tervenevad täielikult lastehalvatusest või kesknärvisüsteemi halvatusest. Sünnist saadik moondunud või täiesti kidurdunud ihuliikmed taastuvad. Purunenud luud pannakse taas kokku, puuduolevad luud luuakse, lühikesed keeled kasvavad ja kõõlused ühendatakse taas. Pealegi, kuna Jumala väe esimese, teise ja kolmanda tasandi valgus ilmnevad kolmandal tasandil samaaegselt, pole mingi haigus ega nõtrus enam probleemiks.

Isegi kui keegi on pealaest jalatallani põlenud ja tema rakud ja lihased on ära põlenud või isegi kui kellegi ihu on keevas vees keenud, saab Jumal kõik uueks luua. Kuna Jumal suudab luua eimillestki, võib Ta parandada ka elutuid esemeid nagu masinaid, ent samuti inimese ihuliikmeid, mis on korrast ära.

Manmini Keskkoguduses taastuvad palverätikuga palve või automaatsete telefonisõnumitena salvestatud palve kaudu siseelundid, mille toime on häiritud või mis on tõsiselt kahjustatud. Jumala kolmanda tasandi väe abil tervenevad rängalt kahjustunud kopsud ja neerud ning maks, mis vajavad siirdamist, tervenevad ning loomise väeteod ilmnevad lakkamatult.

Üht tuleb selgelt välja tuua. Kui taastub seni nõrk olnud ihuliige, on tegu Jumala esimese väetasandiga. Aga kui elustub taastumise lootuseta ihuliige või see luuakse uuesti, on tegu Jumala kolmanda väetasandiga – loomise väega.

Neljandal väetasandil ilmneb Jumala vägi kuldse valguse kujul, mis tähistab väe realiseerumist.

Nii nagu Jeesuse läbi ilmsiks saanud väetegude alusel võib öelda, valitseb neljas väetasand kõike, see valitseb ilma ja annab ka elututele esemetele korraldused, millele need kuuletuvad. Matteuse 21:19, kus Jeesus needis viigipuu, kirjutatakse: „Ja viigipuu kuivas otsekohe ära." Matteuse 8:23 ja edasi räägitakse, kuidas Jeesus sõitles tuuli ja laineid, kuni järv jäi täiesti vaikseks. Isegi loodus ja elutud asjad nagu tuuled ja meri kuuletusid Jeesuse käsule.

Jeesus ütles ükskord, et Peetrus sõuaks sügavamale kohale ja laseks võrgud loomuse katseks vette. Kui Peetrus kuuletus, püüdis ta nii palju kala, et ta võrgud rebenesid (Luuka 5:4-6). Teisel korral ütles Jeesus Peetrusele: „Mine järvele, heida õnge sisse ja võta esimene kala, mis üles tuleb! Ja kui sa tema suu avad, leiad sa hõbeseekli. Võta see ja anna neile minu ja enese eest!" (Matteuse 17:24-27).

Kuna Jumal lõi kogu universumi oma Sõnaga, käskis Jeesus universumi ja see kuuletus Talle ja muutus reaalseks.

Samamoodi, kui meil on tõeline usk, oleme me kindlad selles, mida me loodame ja mida me silmaga ei näe (Heebrealastele 11:1) ja ilmneb kõike eimillestki loova väe tegu.

Lisaks, Jumala neljandal väetasandil ilmneb aja ja ruumi piire ületav toime.

Jumala väe ilmnemisel Jeesuse läbi ületasid mõned ilmingud aja ja ruumi piire. Markuse 7:24 räägitakse sündmusest, kus naine palus, et Jeesus tervendaks ta

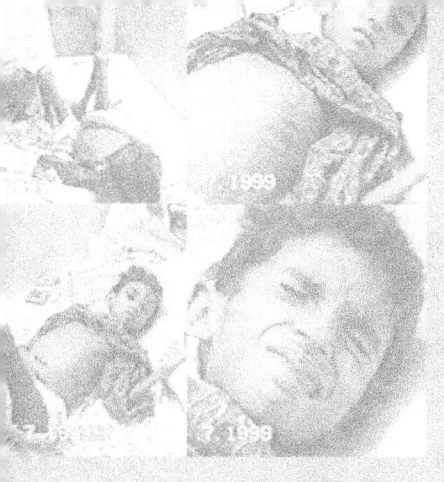

*Su on mu valu...
See on mu valu,
et ma ei saa sinu juurde...
Kuigi ei tea, mida ma tunnen,
aga Isand teab: kõike
ja teab mind nii.*

Cynthia Pakistanist,
kes elses sotsiaalhaiguses ja sootesulust

kurjadest vaimudest seestunud tütre. Jeesus nägi naise alandlikkust ja usku ja kostis talle: „Sellesama sõna pärast mine! Kuri vaim on sinu tütrest ära läinud!" (29. salm). Ja naine läks koju ja leidis lapse voodis magamas ja kurja vaimu olevat lahkunud.

Isegi kui Jeesus ei külastanud isiklikult iga haiget, toimusid aega ja ruumi läbivad tervenemised kui Ta nägi haige usku ja andis käsu.

Ka vee peal käimine, mis oli väetegu ja ilmnes vaid Jeesuse läbi, tunnistab sellest, et kogu universum allub Jeesuse meelevallale.

Lisaks ütles Jeesus Johannese 14:12: „Tõesti, tõesti, ma ütlen teile, kes usub minusse, see teeb neidsamu tegusid, mida mina teen, ja ta teeb nendest hoopis suuremaid, sest mina lähen Isa juurde." Nii nagu Ta meile kinnitas, Manmini Keskkoguduses ilmnevad tänapäeval tõesti hämmastavad Jumala väeteod.

Näiteks toimuvad erinevad ilmamuutuse imed. Kui ma palvetan, peatub vihmavalang otsekohe; väga sünge pilv taandub ja pilvitu taevas täitub kohe pilvedega. Elutud asjad on arvukatel kordadel kuuletunud mu palvele. Isegi eluohtliku süsinikmonoksiidi mürgituse juhtumi korral tuli meelemärkusetu inimene paar minutit pärast mu antud käsku meelemärkusele ja tal ei olnud mingisuguseid kõrvalmõjusid. Kui ma palvetasin kolmanda kategooria põletusega inimese eest: „Põletustunne, kao!", ei tundnud see inimene enam valu.

Lisaks toimub üha enam ja tohutumal määral aega ja ruumi läbivaid Jumala väetegusid. Pakistani Manmini koguduse vanempastori Rev. Wilson John Gili tütre Cynthia juhtum on erakordselt märkimisväärne. Kui ma palvetasin Cynthia foto eest Seoulis, Koreas, taastus tuhandete miilide kaugusel olev tüdruk, kellele arstid ei andnud enam mingit lootust, otsekohe palvetamise ajal.

Neljandal väetasandil tervenevad haigeid, aetakse ära pimedusejõud, avalduvad imed ja tunnustähed ja kõik asjad kuuletuvad neile antud käsule ning seal saab ilmsiks esimese, teise, kolmanda ja neljanda väetasandi ühistoime.

Loomise kõrgeim vägi

Piiblis on kirjas Jeesuse väeilmingud, mis on neljandast

väetasandist kõrgemal. Niisugune väetasand, kõigekõrgem vägi, kuulub Loojale. See vägi ei ilmne samal tasandil, kus Ta vägi saab inimolendite kaudu ilmneda. Selle asemel tuleb see algsest valgusest, mis paistis, kui Jumal oli üksinda olemas.

Johannese 11. peatükis käskis Jeesus Laatsarust, kes oli neli päeva surnud olnud ja kelle ihu lehkas kohutavalt: „Laatsarus, tule välja!" Tema käsu peale tuli surnud mees välja, jalad ja käed mähistega mähitud, ja ta silmade ümber oli seotud higirätik (43.-44. salmid).

Pärast igasugusest kurjast vabanemist ja pühitsusele jõudmist, Isa Jumala südamega samaks saamist ja terveks vaimuks muutumist liigub inimene vaimusfääri. Mida rohkem tal on vaimusfääri puudutavaid teadmisi, seda suurem on tema läbi ilmnev Jumala vägi, mis ületab neljanda väetasandi.

Siis jõuab inimene väetasandile, mis võib ilmneda üksnes Jumala kaudu ehk loomise kõrgeima väeni. Kui inimene jõuab tõesti selleni, ilmnevad tema kaudu ka imelised loomise teod, nagu siis kui Jumal lõi oma käsuga kogu universumi.

Näiteks, kui ta käsib pimedat: „Ava silmad!", avanevad pimeda silmad otsekohe. Kui ta käsib tumma: „Räägi!", hakkab tumm kohe kõnelema. Kui ta käsib jalust vigast: „Tõuse!", hakkab jalust vigane inimene käima ja jooksma. Kui ta annab käsu, uuenevad armid ja senini mädanenud ihuliikmed.

See teostub enne aegade algust valguse ja hääle kujul olemas olnud Jumala valguse ja häälega. Kui piiramatu loomise vägi, mis sisaldub valguses, kutsutakse häälega esile, tuleb valgus alla ja tegu saab ilmsiks. Niimoodi tervenevad inimesed, kes on astunud Jumala seatud elu piiridest üle ja nad tervenevad haigustest ja nõtrustest, millest nad ei suutnud terveneda esimese, teise ega kolmanda väetasandiga.

Valguse Jumala väe saamine

Kuidas sarnaneda valguse Jumala südamele, saada Tema väge ja juhatada arvukaid inimesi päästeteele?

Esiteks, meil ei tule üksnes vältida igasugust kurja ja pühitsusele jõuda, vaid me peame saama ka südameheaduse ja igatsema ülimat headust.

Kui te ei tundnud vimma ega ebamugavust inimese vastu, kes tegi teie elu äärmiseks keerukaks või kahjustas teid, kas saaks siis öelda, et teis on südameheadus? Ei, lood pole nii. Isegi kui te süda ei värise ja teis pole ebamugavust ning te ootate ja talute asjade seisu, on see Jumala ees vaid esimene samm headuse poole.

Headuse kõrgemal tasemel räägitakse ja käitutakse viisil, mis liigutab inimesi, kes tegid teise elu raskeks või kahjustasid teda. Ülima headuse puhul, mis teeb Jumalale heameelt, peab inimene loobuma oma elust vaenlase heaks. Jeesus suutis andestada Teda ristilöönud inimestele ja Ta andis vabatahtlikult oma elu nende inimeste eest, sest Temas oli ülim headus. Nii Mooses kui apostel Paulus olid valmis andma oma elu nende inimeste eest, kes neid samamoodi tappa püüdsid.

Kui Jumal kavatses hävitada Iisraeli rahvast, kes oli Ta vastu ja kummardas ebajumalaid, kaebas ja pidas Tema vastu vimma, isegi kui nad nägid suuri imesid ja tunnustähti, kuidas reageeris sellele Mooses? Ta palus kogu südamest Jumalat: „Kui Sa nüüd siiski annaksid andeks nende patu! Aga kui mitte, siis kustuta mind oma raamatust, mille oled kirjutanud!" (2. Moosese raamat 32:32) Apostel Paulus oli samasugune. Nii nagu ta tunnistas Roomlastele 9:3: „Sest ma sooviksin pigem ise olla neetud ja Kristusest lahutatud oma vendade heaks, kes on mu veresugulased," oli Paulus saanud ülima headuse ja seega kaasnesid temaga alati Jumala suured väeteod.

Järgmiseks peame me saama vaimse armastuse.

Armastus on tänapäevaks märkimisväärselt vähenenud. Kuigi inimesed võivad üksteisele öelda: „Ma armastan sind," näeme me aja jooksul, et suurem osa taolisest „armastusest" on lihalik ja muutuv. Jumala armastus on vaimne ja muutub iga päevaga ülevamaks. Seda kirjeldatakse üksikasjalikult 1. Korintlastele 13. peatükis.

Esiteks: „Armastus on pika meelega, armastus hellitab, ta ei ole kiivas." Isand on andestanud kõik meie patud ja vead ja teinud meile lahti päästetee, oodates kannatlikult ka neid, kellele ei saa andestada. Aga isegi kui me tunnistame oma armastust Isanda vatu, kas me oleme varmad oma vendade ja õdede patte ja vigu paljastama? Kas me mõistame teiste üle kiirelt kohut ja taunime neid, kui meile ei meeldi mingi asi või keegi inimene? Kas me oleme kadestanud kellegi head käekäiku või selle üle pettumust tundnud?

Järgmiseks, armastus „ei kelgi ega hoople" (5. salm). Isegi kui me näime väliselt Isandat austavat, aga meie süda ihaldab teiste tunnustust ja tahab end näidata ja on teiste suhtes osavõtmatu või õpetab teisi meie seisundi või meelevalla tõttu, on tegu hooplemise ja uhkusega.

Pealegi, armastus „ei käitu näotult; ta ei otsi omakasu, ta ei ärritu. Ta ei jäta meelde paha" (5. salm). Meie viisakuseta käitumine Jumala ja inimeste suhtes, meie heitlik süda ja meel, mis muutuvad kergelt, meie püüe saada suuremaks kasvõi teiste kulul, meie lihtsalt tekkiv vimm ja kalduvus mõtelda teistest negatiivselt ja kurjalt ning muu sarnane ei kehasta armastust.

Lisaks, armastusel „ei ole rõõmu ülekohtust, aga ta rõõmustab tõe üle" (6. salm). Kui meil on armastus, peame me alati tões käima ja sellest rõõmustama. Nii nagu Johannese kolmandas kirjas 1:4 öeldakse: „Mul pole millestki suuremat rõõmu, kui kuulda oma lapsi käivat tões," tõde peab olema meie heameele ja õnne allikas.

Viimaseks, armastus „lepib kõigega, ta usub kõike, ta loodab kõike, ta talub kõike" (7. salm). Need, kes Jumalat tõesti armastavad, saavad teada Jumala tahte ning seega usuvad nad kõike. Sel ajal kui inimesed ootavad ja usuvad südamest meie Isanda tagasitulekut, usklike ülestõusmist, taevaseid tasusid ja sarnast, loodavad nad ülevalt tulevaid asju, taluvad igasugust raskust ja püüavad teha Tema tahet.

Valguse Jumal annab oma väe anni, et näidata oma armastust nende vastu, kes on tõele kuulekad, olles hea, armastades ja tehes muud Piiblisse kirjapandut. Ta tahab ka südamest kohtuda kõigiga, kes püüavad valguses käia ja nende palvetele vastata.

Seetõttu ma palun meie Isanda Jeesuse Kristuse nimel, et te leiaksite end ja käristaksite oma südame lõhki, et te võiksite Jumala õnnistusi ja palvevastuseid soovides saada Tema silmis ettevalmistatud astjateks, kelle elus on Jumala vägi!

6. peatükk
Pimedate silmad avanevad

Johannese 9:32-33

*Veel ilmaski pole kuuldud,
et keegi oleks avanud
pimedalt sündinu silmad.
Kui Tema ei oleks Jumala juurest,
ei suudaks Ta teha midagi*

Apostlite tegudes 2:22 rääkis Jeesuse jünger Peetrus pärast Püha Vaimu vastuvõtmist juutidele, tsiteerides prohvet Joeli sõnu: „Iisraeli mehed, kuulge neid sõnu: Jeesuse Naatsaretlase, mehe, kellele Jumal on tunnistuse andnud vägevate tegude ja tunnustähtedega, mis Jumal Tema läbi teie keskel tegi, nõnda kui te isegi teate." Jeesuse kaudu ilmnenud suur vägi, tunnustähed ja imed olid tõenduseks ja tunnistasid, et juutide ristilöödud Jeesus oli tõesti Messias, kelle tulekust Vanas Testamendis räägiti.

Pealegi, Peetrus tuli, et ilmutada Jumala väge pärast Püha Vaimu vastuvõtmist ja väe saamist. Ta tervendas jalust vigase kerjuse (Apostlite teod 3:8) ja inimesed tõid haiged tänavaile ja panid nad kanderaamidele ja vooditele, et Peetruse möödudes kas või tema varigi langeks mõne peale neist (Apostlite teod 5:15).

Kuna vägi on tõendusmaterjal, mis tunnistab, et Jumal on inimesega, kelle kaudu vägi ilmsiks saab ja kõige kindlam viis uskmatute südamesse ususeemne külvamiseks, on Jumal andnud väe neile, keda Ta selle jaoks sobivaks on pidanud.

Jeesus tervendab pimedana sündinu

Juhtum, millest räägitakse Johannese 9. peatükis, algas sellega, et Jeesuse teele sattus pimedana sündinud mees. Jeesuse jüngrid tahtsid teada, miks pime ei näinud sünnist saadik. „Rabi, kes on teinud pattu, kas tema ise või ta vanemad, et ta on sündinud pimedana?" (2. salm) Jeesus selgitas neile vastuseks, et see mees sündis pimedana, et tema elus saaksid avalikuks Jumala teod (3. salm). Siis Ta sülitas maha ja tegi süljest muda ning võidis mudaga mehe silmi ja ütles pimedana sündinud mehele: „Mine pese end Siiloahi tiigis" (6.-7. salmid). Kohe kui mees kuuletus ja pesi end Siiloahi tiigis, avanesid ta silmad.

Isegi kui Piiblis räägitakse paljudest teistest inimestest, keda Jeesus tervendas, on üks erinevus, mis teeb selle pimedana sündinud mehe teistsuguseks. Mees ei palunud, et Jeesus teda terveks teeks; selle asemel tuli Jeesus ise mehe juurde ja tegi ta täiesti terveks.

Miks siis see pimedana sündinud mees sai nii külluslikku armu osaliseks?

Esiteks, mees oli kuulekas.

Tavalise inimese jaoks ei ole miski, mida Jeesus tegi – maha sülitamine, pimeda silmadele muda panek ja mehele antud käsk minna ja pesta end Siiloahi tiigis – mõistuspärane. Tavamõtlemine ei lase niisugusel inimesel uskuda, et pimedana sündinu silmad võiksid avaneda kui ta silmadele muda panna ja neid veega pesta. Pealegi, kui see inimene kuulis talle antud käsku ja ei teadnud, kes Jeesus oli, poleks tema ja suurem osa inimestest lihtsalt uskumatud olnud, vaid nad oleksid ka ilmselgelt vihastanud. Aga tolle mehe puhul olid lood teisiti. Mees kuuletus ja tegi Jeesuse käsu kohaselt ning pesi oma silmi Siiloahi tiigis. Lõpuks ja üllatuseks, avanesid tema sünnist saadik suletud silmad esmakordselt ja mees hakkas nägema.

Kui te arvate, et Jumala Sõna ei ühti inimese praktilise mõistusega või kogemusega, püüdke teha Tema Sõna kohaselt alandliku südamega, nii nagu too pimedana sündinud mees. Siis tuleb teie üle Jumala arm ja nii nagu pimeda silmad avanesid, kogete teiegi imelisi asju.

Teiseks avanesid loomuomaselt pimeda inimese vaimusilmad, mis suutsid eristada tõde valest.

Pärast mehe tervenemist näeme me tema jutuajamisest juutidega, et kui ta silmad olid füüsiliselt suletud, suutis ta oma südameheaduses head valest eristada. Vastupidiselt aga, juudid olid vaimselt pimedad ja käsuseaduse jäikadesse piiridesse suletud. Kui juudid küsisid mehe käest tema tervenemise kohta lähemalt, kuulutas sünnist saadik pime olnud mees julgelt: „Inimene, keda nimetatakse Jeesuseks, tegi muda ja võidis mu silmi ja ütles mulle: „Mine Siiloahi tiigi äärde ja pese end! Kui ma siis läksin ja pesin, saingi nägijaks" (11. salm).

Kui juudid ristküsitlesid uskmatusest pimedana sündinut: „Mida sina ise Tema kohta ütled, et Ta on avanud sinu silmad?", mees vastas: „Ta on prohvet" (17. salm). Mees arvas, et kui Jeesus oli pimedusest tervekstegemiseks piisavalt vägev, pidi Ta olema jumalamees. Irooniline oli aga see, et juudid noomisid meest: „Anna au Jumalale! Me teame, et see inimene on patune" (24. salm).

Kuivõrd ebaloogiline on nende väide? Jumal ei vasta

patuse palvele. Ta ei anna ka patusele väge, et avada pimeda silmad ja saada austatud. Isegi kui juudid ei suutnud seda uskuda ega mõista, tunnistas pimedana sündnud mees julgelt ja tõeselt edasi: „Me teame, et Jumal ei kuule patuseid, ent kui keegi on jumalakartlik ja teeb Tema tahtmist, siis seda Ta kuuleb. Kui Tema ei oleks Jumala juurest, ei suudaks Ta teha midagi." (31.-33. salmid).

Kuna loomise algusest peale ei olnud avatud ühegi pimeda silmi, oleksid kõik, kes mehe kohta uudiseid kuulsid, pidanud rõõmustama ja temaga koos juubeldama. Selle asemel aga tekkis juutide seas kohtumõistmise, hukkamõistu ja vaenulikkuse õhkkond. Kuna juudid olid vaimselt liiga võhiklikud, pidasid nad Jumala enese tegu Tema vastu minevaks. Ent Piiblis kirjutatakse, et vaid Jumal suudab avada pimedate silmad.

Laul 146:8 on meeldetuletus: „Isand avab pimedate silmad; Isand seab püsti need, kes on küüru vajutatud. Isand armastab õigeid, Isand kaitseb võõraid, Ta peab ülal vaeslapsi ja lesknaisi; kuid õelate teed Ta saadab nurja," aga Jesaja 29:18 kirjutatakse: „Sel päeval kuulevad kurdid kirja sõnu ja pimedate silmad näevad pilkasest pimedusest."

Jesaja 35:5 kirjutatakse veel: „Siis avanevad pimedate silmad ja kurtide kõrvad lähevad lahti." Siin tähistab „sel päeval" ja „siis" aega, mil Jeesus tuli ja avas pimedate silmad.

Hoolimata neist lõikudest ja meeldetuletustest, ei suutnud juudid oma jäikades piirides ja kurjuses uskuda Jeesuse kaudu ilmnenud Jumala tegu ning süüdistasid Teda selle asemel ja kutsusid Teda patuseks, kes ei kuuletunud Jumala Sõnale. Isegi kui pimedana sündinud mehel ei olnud väga palju teadmisi käsuseaduse kohta, teadis ta oma hea südametunnistuse kaudu tõde – et Jumal ei kuule patuseid. See mees teadis ka, et vaid Jumal suutis pimedate silmi terveks teha.

Kolmandaks, pärast Jumala armu vastuvõtmist tuli pimedana sündinud mees Isanda juurde ja otsustas elada täiesti uut elu.

Ma olen tänapäevani näinud arvukaid juhtumeid, kus surmasuus olijad said Manmini Keskkoguduses jõu ja vastuse igale oma elus olevale probleemile. Kuid ma leinan nende pärast, kelle süda muutub isegi pärast Jumala armu vastuvõtmist ja teiste pärast, kes hülgavad oma usu ja naasevad maailma teedele. Kui nende elus on valu ja piin,

„Emme,
see pimestab nii...
esimest korda
näen ma valgust...
Ma ei arvanud kunagi,
et see juhtub minuga..."

Jennifer Rodriguez Filipiinidelt,
kes oli sünnist saadik pime ja
hakkas kaheksa aasta jooksul esimest korda nägema

tulevad niisugused inimesed ja palvetavad pisarais: „Kui ma terveks saan, elan ma ainult Jumala heaks." Kui nad saavad terveks ja õnnistatud, hülgavad need inimesed omakasu taotledes armu ja eksivad tõest. Isegi kui nende füüsilised probleemid leiavad lahenduse, on see kasutu, sest nende vaim on lahkunud päästeteelt ja nad on teel põrgusse.

Sel pimedana sündinud mehel oli hea süda, mis ei jätnud armu. Sellepärast ta ei saanud Jeesusega kohtudes üksnes nägijaks, vaid ka päästeõnnistuse osaliseks. Kui Jeesus küsis tema käest: „Kas sa usud Inimese Pojasse?", vastas mees: „Kes see on, Isand? Ütle mulle seda, et ma saaksin Temasse uskuda" (35.-36. salmid). Kui Jeesus vastas: „Sa näed ju Teda, see, kes sinuga räägib, ongi Tema," tunnistas mees: „Ma usun, Isand!" (37.-38. salmid). Mees ei „uskunud" üksnes; ta võttis Jeesuse oma Kristuseks. Mees otsustas kindlat tunnistust andes vaid Isandat järgida ja üksnes Tema heaks elada.

Jumal tahab, et meie kõik tuleksime niisuguse südamega Tema ette. Ta tahab, et me ei otsiks Teda vaid tolle tõttu, et Ta tervendab meid haigustest ja õnnistab meid. Ta igatseb, et me mõistaksime Tema tõelist armastust, millega Ta ei hoidnud midagi tagasi ja andis meie eest oma ainsa Poja

„Mu süda juhatas mu siia paika...

Ma igatsesin vaid armu...
Jumal andis mulle tohutu kingituse.
Mind teeb nägemisest
veelgi õnnelikumaks,
et
ma kohtusin elava Jumalaga!"

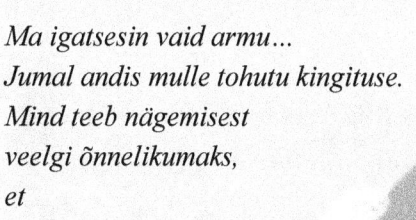

Maria Hondurasest,
kelle paremast silmast kadus nägemine
kui ta oli kaheaastane
ja kes hakkas nägema
Dr. Jaerock Lee palve peale

ning võtaksime Jeesuse oma Päästjaks vastu. Peale selle, me ei peaks Teda vaid oma huulte tunnistuse läbi armastama, vaid ka oma tegudega, mis on Jumala Sõna kohased. Ta ütleb meile 1. Johannese 5:3: „See ongi Jumala armastus, et me peame Tema käske, ja Tema käsud ei ole rasked." Kui me tõesti armastame Jumalat, peame me vabanema igasugusest meis olevast kurjusest ja iga päev valguses käima.

Kui me palume Jumala käest sellise usu ja armastusega midagi, ei suudaks Ta meile vastamata jätta. Matteuse 7:11 alusel: „Kui nüüd teie, kes olete kurjad, oskate anda häid ande oma lastele, kui palju enam teie Isa, kes on taevas, annab head neile, kes Teda paluvad!", uskuge Jeesuse lubadust, et meie Isa Jumal vastab oma armastatud laste palvetele.

Seega pole vahet, missuguse haiguse või probleemiga te Jumala juurde tulete. Kui te tunnistate kogu oma südamest: „Isand, ma usun!" ja näitate oma usutegusid, tervendab pimedana sündinud inimese terveks teinud Isand teid igasugustest haigustest, muudab võimatu võimalikuks ja lahendab kõik teie elus olevad probleemid.

*„Arstid ütlesid,
et ma jään varsti pimedaks...
asjad muutusid ähmaseks...*

*Tänan Sind, Isand,
et Sa andsid mulle valguse...*

Ma olen oodanud Sind..."

Rev. Ricardo Morales Hondurasest,
kes jäi õnnetuse tagajärjel peaaegu pimedaks,
kuid hakkas nägema

Manmini Keskkoguduses aset leidnud pimedate silmade avanemised

Manmini koguduse 1982. aastal asutamisest saadik, on kogudus toonud Jumalale palju au. Jumal on avanud arvukate pimedate silmad. Paljud inimesed, kes olid sünnist saadik pimedad, said pärast palvet nägijateks. Paljude teiste nägemine, mis oli halvaks muutunud, nii et nad pidid kasutama prille või kontaktläätsesid, taastus. Järgmisega toome mõned näited väga paljude hämmastavate tunnistuste hulgast.

Suurel Honduurase ühendkoosolekul 2002. aasta juulis oli kaheteistkümne aastane tüdruk Maria, kelle paremast silmast kadus nägemine pärast kaheaastaselt kõrgesse palavikku haigestumist. Ta vanemad püüdsid asjatult paljudel viisidel ta nägemist tagasi saada. Isegi Mariale tehtud silma sarvesta siirdamisest polnud kasu. Järgmise kümne aasta jooksul ei näinud Maria silma sarvkesta ebaõnnestunud siirdamise tõttu oma parema silmaga isegi valgust.

Siis tuli Maria 2002. aastal koosolekule, soovides kogu südamest saada Jumala armu. Koosolekul ma palvetasin ta eest ja ta hakkas nägema valgust. Varsti ta nägemine taastus. Parema silma närvid, mis olid täiesti töövõimetud ja surnud, taastusid Jumala väe läbi. Kas see pole hämmastav! Arvukad inimesed ülistasid Honduurases Jumalat ja hüüdsid: „Jumal on tõesti elav ja tegutseb ka tänapäeval!"

Pastor Ricardo Morales oli peaaegu pimedaks jäänud, aga ta sai Muani magusa vee abil täiesti terveks. Seitse aastat enne Honduurase koosolekut elas Pastor Ricardo läbi liiklusavarii, mille käigus tema silma võrkkest sai väga tõsiselt vigastada ja tal oli tugev verejooks. Arstid ütlesid, et Pastor Ricardo nägemine kaob aja jooksul ja ta muutub lõpuks pimedaks. Aga ta sai terveks 2002. aasta Honduurase kogudusejuhtide konverentsi esimesel päeval. Pärast Jumala Sõna kuulmist pani Pastor Ricardo oma silmadele usu läbi Muani magusat vett peale ja tema suureks hämmastuseks nägi ta minuti pärast asju selgemalt. Pastor Ricardo ei suutnud seda esialgu uskuda, kuna ta ei oodanud, et niisugune asi võks juhtuda. Tol õhtul kandis Pastor Ricardo prille ja osales koosolekuseeria esimesel koosolekul.

Siis tuli tema prilliklaas äkki eest ära ja ta kuulis Püha Vaimu häält: "Kui sa oma prille kohe eest ära ei võta, jääd sa pimedaks." Siis võttis Pastor Ricardo prillid eest ja sai aru, et ta nägi kõike selgelt. Tema nägemine taastus ja ta andis Jumalale suurt au.

Kombo nimeline noormees tuli ükskord 400 kilomeetrit (umbes 250 miili) kaugel asuvast kodulinnast Keenias Nairobi Manmini kogudusse. Külaskäigu ajal kuulutas ta oma perele evangeeliumi ja rääkis neile Jumala imelistest väetegudest, mis Seouli Manmini keskkoguduses aset leidsid. Ta palvetas nende eest palverätikuga, mille eest ma olin eelnevalt palvetanud. Kombo andis oma perekonnale ka koguduses trükitud kalendri.

Pärast seda kui Kombo oli perele evangeeliumi kuulutanud, hoidis ta vanaema kalendrist kahe käega kinni ja soovis südamepõhjas: "Ma tahaksin ka näha Dr. Jaerock Lee fotot." See, mis järgnes, oli tõesti ime. Kui Kombo vanaema tegi kalendri lahti, avanesid ta silmad ja ta nägi fotot. Halleluuja! Kombo perekond nägi oma silmaga Jumala väetegu, mis avas pimeda silmad ja hakkas elavat

Jumalat uskuma. Pealegi, kui uudised sellest levisid külas, palusid inimesed, et nende külla tehtaks ka üks harukogudus. Üle maailma sündinud arvukate väetegude tõttu on nüüd maailmas tuhandeid Manmini kogudusi ja pühaduse evangeeliumi kuulutatakse maailma äärteni. Kui te tunnistate Jumala väetegusid ja usute neid, võite ka teie Tema õnnistused pärida.

Nii nagu oli Jeesuse eluajal, mõistavad paljud tänapäeval Püha Vaimu töö üle kohut, taunivad seda ja räägivad selle vastu, selle asemel et rõõmustada ja Jumalat üheskoos austada. Me peame aru saama, et see on hirmus patt, nii nagu Jeesus ütles meile spetsiaalselt Matteuse 12:31-32: „Seepärast ma ütlen teile: Inimestele antakse andeks iga patt ja teotamine, aga Vaimu teotamist ei anta andeks! Ja kui keegi ütleb midagi Inimese Poja vastu, võib ta saada andeks, aga kui keegi ütleb midagi Püha Vaimu vastu, ei andestata talle ei sellel ega tulevasel ajastul."

Selleks, et Püha Vaimu tööle mitte vastu seista, vaid et hoopis kogeda Jumala hämmastavaid väetegusid, peame me

Tema tööd tunnustama ja igatsema samamoodi nagu pime mees Johannese 9. peatükis. Vastavalt sellele kui palju inimesed on end astjateks ette valmistanud, et saada usu läbi vastuseid, mõned neist kogevad Jumala väetegusid, aga teised mitte.

Nii nagu Laulus 18:26-27 kirjutatakse: „Heldele Sa osutad heldust, laitmatu mehe vastu Sa oled laitmatu; puhta vastu Sa oled puhas ja kõvera vastu Sa osutud keeruliseks," ma palun meie Isanda Jeesuse Kristuse nimel, et igaüks võiks saada Jumala õnnistuste pärijaks, usu kaudu Jumalasse, kes tasub meile tehtu ja usutegude ülesnäitamise kohaselt!

7. sõnum

Inimesed tõusevad, hüppavad ja kõnnivad

Markuse 2:3-12

Ja neli meest tulid Tema juurde, kandes halvatut.
Ja kui nad rahvahulga tõttu ei saanud teda tuua Jeesuse lähedale,
võtsid nad katuse sealt kohalt lahti, kus Ta oli,
ja teinud augu,
lasksid alla kanderaami, millel halvatu lamas.
Ja nende usku nähes ütles Jeesus halvatule:
„Poeg, sinu patud on sulle andeks antud!"
Aga seal olid mõned kirjatundjad istumas,
kes mõtlesid oma südames:
„Miks see räägib nõnda? Ta teotab Jumalat!
Kes mu võib patte andeks anda kui Jumal üksi?"
Aga Jeesus tundis kohe oma vaimus ära,
et nood nõnda mõtlevad iseeneses,
ja Ta ütles neile: „Miks te seda kõike arutate oma südames? Kumb on kergem, kas öelda halvatule:
„Sinu patud on andeks antud!" või öelda talle: „Tõuse püsti, võta oma kanderaam ja kõnni!"
Aga et te teaksite, et Inimese Pojal on meelevald patte andeks anda maa peal," – Ta ütles halvatule –
„sinule ma ütlen: Tõuse püsti, võta oma kanderaam ja mine koju!"
Ja kohe tõusis too püsti, võttis oma kanderaami ja läks välja kõigi silma all,
Nii et kõik hämmastusid ja ülistasid Jumalat, öeldes:
„Sellist asja pole me eluilmaski näinud!"

Piiblis kirjutatakse, et Jeesuse eluajal said paljud halvatud või vigased täiesti terveks ja tõid Jumalale suurt au. Nii nagu Jumal lubas meile Jesaja 35:6: „Siis hüppab jalutu otsekui hirv ja keeletu keel hõiskab, sest veed keevad üles kõrbes ja ojad nõmmemaal" ja samuti Jesaja 49:8: „Ma olen sind kuulnud hea meele ajal ja aidanud päästepäeval; ma olen sind hoidnud ja pannud rahvale seaduseks, taastama maad, jagama laastatud pärisosi." Jumal üksnes ei vasta meile, vaid toob meid ka pääsemisele.

Seda tunnistatakse tänapäeval lakkamatult Manmini Keskkoguduses, kus Jumala imettegeva väe teod on pannud arvukad haiged käima, ratastoolist püsti tõusma ja karke minema viskama.

Missuguse usuga tuli Markuse 2. peatükis kirjeldatud halvatu Jeesuse juurde ja sai päästetud ja õnnistatud palvevastustega? Ma palun, et need teie seast, kes ei suuda praegu mingi haiguse tõttu käia, võiksid tõusta, kõndida ja taas joosta.

Halvatu kuuleb Jeesuse kohta

Markuse 2. peatükis on üksikasjalik lugu halvatust, kes sai Jeesuse Kapernauma külastuse ajal Ta läbi tervise. Selles linnas elas väga vaene halvatu, kes ei suutnud teiste abita istuda ja oli elus üksnes, kuna ta polnud ära surnud. Aga ta kuulis Jeesusest, kes oli avanud pimedate silmad ja kelle läbi jalust vigased olid püsti tõusnud, kes ajas välja kurjad vaimud ja tegi inimesed igasugustest haigustest terveks. Kuna sel mehel oli hea süda, mäletas ta neid juhtumeid kui ta Jeesuse kohta kuulis ja tahtis kogu südamest Jeesusega kohtuda.

Ühel päeval kuulis halvatu, et Jeesus oli Kapernauma tulnud. Ta oli väga põnevil ja rõõmus, oodates Jeesusega kohtumist. Aga halvatu ei saanud ise liikuda ja otsis seepärast sõpru, kes ta Jeesuse juurde viiksid. Õnneks olid ta sõbrad Jeesusest samuti hästi teadlikud ja nõus oma sõpra aitama.

Halvatu ja ta sõbrad tulevad Jeesuse juurde

Halvatu ja ta sõbrad jõudsid majja, kus Jeesus jutlustas, aga sinna kogunenud suure rahvasumma tõttu ei leidnud nad ukse juures kohta, samuti ei olnud neil ruumipuuduse tõttu võimalik sisse minna. Olukord ei lasknud halvatul ja ta sõpradel Jeesuse juurde minna. Tõenäoliselt palusid nad rahvahulka: „Palun minge eest! Meiega on väga haige inimene!" Aga maja ja selle ümbrus oli inimesi täis. Kui halvatu ja ta sõbrad oleksid usuta olnud, oleksid nad Jeesusega kohtumata koju naasnud.

Kuid nad ei andnud alla ja näitasid selle asemel oma usku üles. Nad mõtlesid, kuidas Jeesuse juurde pääseda ja hakkasid Jeesuse kohale katusesse viimase abinõuna auku tegema ja katusest läbi kaevuma. Isegi kui nad pidid majaomaniku ees vabandama ja talle hiljem kahjutasu maksma, olid halvatu ja ta sõbrad Jeesusega kohtumise ja tervenemise saamise nimel kõigeks valmis.

Usuga kaasnevad teod ja usuteod saab näidata vaid alandliku südamega alandudes. Kas te olete kunagi mõtelnud või enesele öelnud: „Ma tahaksin kogudusse minna, aga mu füüsiline seisund ei võimalda mul seda teha"? Kui halvatu oleks sada korda tunnistanud: „Isand, ma usun, et Sa tead, et ma ei saa Su juurde tulla, sest ma olen halvatud. Ma usun, et Sa võid mind samamoodi ka voodis olles terveks teha," ei oleks võinud öelda, et ta väljendas oma usku.

Halvatu läks terveks saamise nimel Jeesuse juurde, hoolimata sellest, mis see talle maksma läks. Halvatu uskus ja oli veendnud, et ta saab terveks kui ta kohtub Jeesusega ja ta palus oma sõpradel end Tema juurde viia. Aga kuna ta sõpradel oli samuti usku, võisid nad oma halvatud sõpra paremini teenida, tehes katusesse augu ja võõra inimese katusest läbi kaevudes.

Kui te tõesti usute, et Jumal tervendab teid, siis Tema juurde tulek näitab teie usku. Sellepärast lasid halvatu sõbrad pärast katuse sisse augu tegemist halvatu matiga, mille peal ta lamas, Jeesuse ette maha. Sel ajal olid Iisraeli majade katused lamedad ja iga maja küljel oli trepp, mis võimaldas inimestel hõlpsasti katusele pääseda. Samuti võis katusekive lihtsalt eemaldada. Niisugune lahendus tegi halvatu jaoks Jeesusele teistest lähemale pääsemise võimalikuks.

Pärast patuprobleemi lahendamist võime me palvevastused saada

Markuse 2:5 kirjutatakse, et Jeesusel oli halvatu usuteost ilmselgelt hea meel. Miks kostis Jeesus talle enne ta terveks tegemist: „Poeg, sinu patud on sulle andeks antud!"? Ta ütles nii, kuna pattude andekssaamine peab eelnema tervekssaamisele.

2. Moosese raamatus 15:26 ütleb Jumal: „Kui sa tõesti kuuled Isanda, oma Jumala häält ja teed, mis õige on Tema silmis, paned tähele Tema käske ja täidad kõiki Tema korraldusi, siis ma ei pane su peale ainsatki neist tõbedest, mis ma panin egiptlaste peale, sest mina olen Isand, su ravija." Siin tähistavad „tõved, mis ma panin egiptlaste peale" iga inimesele teadaolevat haigust. Seega, kui me kuuletume Ta käskudele ja elame Tema Sõna järgi, kaitseb Jumal meid nii, et ükski haigus ei saa meid kunagi oma valdusse võtta. Lisaks, Jumal lubab meile 5. Moosese raamatu 28. peatükis, et kuniks me kuuletume Tema Sõnale ja elame selle kohaselt, ei tungi ükski haigus meie ihusse. Johannese 5. peatükis ütles Jeesus kolmkümmend kaheksa aastat haige olnud mehe terveks tegemisel: „Ära tee enam

pattu, et sinuga ei juhtuks midagi halvemat!" (14. salm). Kuna kõik haigused tulevad patust, andestas Jeesus halvatule enne ta terveks tegemist. Aga Jeesuse juurde minek ei tähenda alati andestuse saamist. Terveks saamise jaoks peame me esiteks pattudest meelt parandama ja neist pöörduma. Kui te olite patune, ei või te enam pattu teha; kui te varem valetasite, ei või te enam valetada ja kui te teisi vihkasite, ei tohi te enam kedagi vihata. Jumal andestab ainult neile, kes Ta Sõna järgi teevad. Pealegi, kui tunnistada „Ma usun," ei taga see veel andestust; kui me tuleme valguse kätte, puhastab meie Isanda veri meid loomuomaselt kogu patust (1. Johannese 1:7).

Halvatu hakkab Jumala väe abil käima

Markuse 2. peatükis kirjutatakse, et kui varem halvatud mees sai oma patud andeks, tõusis ta, võttis oma kanderaami ja läks välja kõigi silma all. Kui ta tuli Jeesuse juurde, oli ta kanderaami peal. Mees sai terveks sel hetkel kui Jeesus ütles talle: „Poeg, sinu patud on sulle andeks antud!" (5. salm). Aga selle asemel, et mehe terveksscaamiscst rõõmu tunda, käsuõpetajad jagelesid. Kui Jeesus ütles mehele: „Poeg, sinu patud on sulle andeks antud," mõtlesid nad oma südames: „Mida see räägib nõnda? Ta teotab Jumalat! Kes muu võib patte andeks anda kui Jumal üksi?" (7. salm)

Aga Jeesus ütles neile: „Miks te seda kõike arutate oma südames? Kumb on kergem, kes öelda halvatule: „Sinu patud on andeks antud!" või öelda talle: „Tõuse püsti, võta oma kanderaam ja kõnni!"? Aga et te teaksite, et Inimese Pojal on meelevald patte andeks anda maa peal," (8.-10. salm). Jeesus rääkis neile Jumala ettehooldest ja kostis siis halvatule: „Tõuse püsti, võta oma kanderaam ja mine koju!" (11. salm), tõusis mees kohe ja kõndis. Teiste sõnadega, see näitas, et halvatud mehe tervenemiseks oli vaja andestust ja Jumal seisis iga Jeesuse räägitud Sõna taga. See näitab samuti, et kõikvõimas Jumal seisab Jeesuse kui inimkonna Päästja seljataga.

Tõusmise, hüppamise ja kõndimise juhtumid

Johannese 14:11 ütleb Jeesus: „Uskuge mind, et mina

olen Isas ja Isa on minus. Kui te ei usu muu pärast, siis uskuge mu tegude tõttu." Seega nähes, kuidas Jeesuse juurde halvatuna tulnud mees sai oma pattudele andestuse ning tõusis, hüppas ja käis Jeesuse käsu peale, tuleb uskuda, et Jeesus on Isa Jumalaga üks ja sama.

Jeesus ütles järgmist ka Johannese 14:12: „Tõesti, tõesti, ma ütlen teile, kes usub minusse, see teeb neidsamu tegusid, mida mina teen, ja ta teeb nendest hoopis suuremaid, sest mina lähen Isa juurde." Kui ma hakkasin Jumala Sõna sajaprotsendiliselt uskuma, paastusin ja palvetasin ma pärast jumalasulaseks kutsumist väga palju päevi, et Ta väge saada. Selle tulemusel on Manmini koguduses esinenud asutamisest saadik ülevoolavalt palju tunnistusi tervenemise kohta haigustest, mille suhtes kaasaja arstiteadus oli võimetu.

Iga kord kui terve kogudus läbis katsumuste õnnistused, tervenesid haiged kiiremini ning tõsisematest haigustest. Iga-aastaste kahenädalaste spetsiaalsete äratuskoosolekute käigus, mis toimusid 1993. aastast 2004. aastani ja ülemaailmsete ühendkoosolekute ajal kogesid väga paljud inimesed kogu maailmas Jumala hämmastavat väge.

Järgnevaga on toodud mõned näited arvukatest

juhtumitest, mille käigus inimesed on tõusnud, hüpanud ja käima hakanud.

Pärast üheksat ratastoolis oleku aastat tõusmine

Esimene on diakon Yoonsup Kimi tunnistus. 1990. aasta mais kukkus ta Taedoki teaduslinnakus Lõuna-Koreas elektritöid tehes umbes viiekorruselise hoone kõrguselt alla. Sel ajal Kim ei uskunud veel Jumalat.

Kohe pärat kukkumist viidi ta Suni haiglasse Yoosungis, Choongnami provintsis, kus ta oli kuus kuud koomas. Kuid pärast koomast ärkamist oli valu survest tingitult ja üheteistkümnenda ja kaheteistkümnenda rindkereroide ja neljanda ja viienda nimmelüli juures asetseva songa tõttu talumatult piinav. Haiglas ütlesid arstid Kimile, et ta oli kriitilises seisundis. Ta dispanseeriti mitu korda teistesse haiglatesse. Aga tema seisund ei muutunud ega edenenud paremuse poole ja Kimil tuvastati esimese järgu puue. Kim pidi vöökoha ümber alati seljatuge kandma. Lisaks, kuna ta ei saanud selili olla, pidi ta istudes magama.

Sel raskel ajal kuulutati Kimile evangeeliumi ja ta tuli

„*Mu jäigad jalad ja
vöökoht...
mu kangestuv süda...*

*Ma ei suutnud magama
heita.
Ma ei saanud käia...
kelle peale oli mul
toetuda?*

*Kes võtab mu vastu?
Kuidas ma peaksin
elama?*"

Diakon Yoonsup Kim
seljatoega ja ratastoolis

*„Halleluuja!
Jumal on elav!
Kas te näete, et ma käin?"*

Diakon Kim rõõmustab teiste Manmini liikmetega pärast seda kui ta tervenes pärast Dr. Jaerock Lee palvet

Manmini, kus ta hakkas Kristuses elama. Kui ta osales 1998. aasta novembris peetud jumaliku tervenemise erikoosolekul, koges ta midagi erakordset. Enne koosolekut ei suutnud ta lamada ega ise tualetis käia. Pärast seda kui ma ta eest palvetasin, tõusis ta ratastoolist ja käis karkudega.

Täie tervenemise jaoks osales diakon Kim ustavalt kõigil ülistusteenistustel ja koosolekutel ja ei lakanud palvetamast. Lisaks paastus ta kakskümmend üks päeva südamest tuleva soovi tõttu ja selleks, et ette valmistuda seitsmendaks kahenädalaseks spetsiaalseks äratuskoosolekuks 1999. aasta mais. Kui ma palvetasin koosolekusarja esimesel korral kõnepuldist haigete eest, tundis diakon Kim, kuidas tugev valgusekiir tema peale paistis ja ta nägi nägemust, milles ta jooksis. Koosolekusarja teisel nädalal, kui ma panin oma käed tema peale ja palvetasin ta eest, tundis ta, et ta ihu oli kergem. Kui Püha Vaimu tuli tema jalgade üle tuli, anti talle tema jaoks ennenägematu jõud. Ta võis minema visata oma seljatoe ja kargud ja käia raskusteta ning end vöökohast vabalt liigutada.

Jumala väe abil hakkas diakon Kim tavalise inimese kombel käima. Ta sõidab isegi jalgrattaga ja teenib usinalt kogudust. Pealegi, hiljuti diakon Kim abiellus ja elab nüüd tõesti õnnelikku elu.

Pärast palverätikuga palvet ratastoolist tõusmine

Manminis sünnivad tähelepanuväärsed sündmused, mis on Piiblisse kirja pandud ja erakordsed imed; need annavad Jumalale veelgi rohkem au. Niisuguste sündmuste ja imede seas on Jumala väe ilmingud palverätikute kaudu.

Apostlite tegudes 19:11-12 kirjutatakse, et „Ja Jumal tegi iseäralikke vägevaid tegusid Pauluse käte läbi, nii et ka tema naha pealt võetud higirätikuid ja põllesid viidi haigete peale ja tõved lahkusid neist ning kurjad vaimud läksid välja." Sarnaselt, kui inimesed panevad haige inimese peale palverätikud, mille eest ma palvetanud olen või mingid muud esemed, ilmneb imeline tervendav toime. Selle tulemusel on paljud maad ja inimesed kogu maailmas palunud mul teha nende piirkondades palverätiku koosolekuid. Lisaks, arvukad inimesed Aafrika maades, Pakistanis, Indoneesias, Filipiinidel, Honduraces, Jaapanis,

Hiinas, Venemaal ja paljudes muudes maades, kogevad samuti „erakordseid imesid."

2001. aasta aprillis viis üks Manmini pastor läbi Indoneesia palverätikuid kasutava koosolekusarja, kus arvukad inimesed said terveks ja austasid elavat Jumalat. Nende seas oli riigi endine kuberner, kes oli ratastoolis. Kui ta palverätiku palve kaudu terveks sai, räägiti sellest peagi palju uudistes.

2003. aasta mais tegi teine Manmini pastor Hiinas palverätikuid kasutava koosolekutesarja, kus paljude tervenemisjuhtumite seas hakkas kolmkümmend neli aastat karkudel käinud mees ise käima.

Ganesh viskab oma kargud 2002. aastal toimunud imede ja tervenduspalve festivalil Indias

2002. aasta imede ja tervenduspalve festivalil Indias, tuli peamiselt hindude piirkonnas Chennai Marina Beach rannikul kokku üle kolme miljoni inimese, kes nägid oma ihusilmaga Jumala hämmastavaid väetegusid ja paljud neist said kristlasteks. Enne koosolekutesarja oli jäikade luude

„Ma ei tunne enam
üheksat naela,
mis rõhusid
mu liha ja luid!

Ma ei suutnud enne isegi seista
valu tõttu,
aga nüüd saan ma käia!"

Ganesh hakkab käima
karkudeta
pärast
Dr. Jaerock Lee palvet

lõdvemaks muutumise ja surnud närvide elustumise hulk aeglaselt kasvanud. India koosolekutesarjast peale heitis tervendustöö inimihu seisundile väljakutse.

Tervekssaanute seas oli Ganeshi nimeline kuueteistkümne aastane poiss. Ta kukkus jalgrattalt ja vigastas oma parempoolset vaagnaluud. Kodune raske finantsolukord ei lasknud tal õiget ravi saada. Aasta hiljem oli luule tekkinud kasvaja ja ta pidi oma parempoolse vaagnaluu eemaldada laskma. Arstid paigaldasid ta sääreluule ja vaagnaluu ülejäänud osale metallplaadi ja kinnitasid selle üheksa naela abil. Kinnitusnaeladest tingitud piinav valu tegi ta jaoks trepist üles-alla mineku või karkudeta käimise võimatuks.

Kui Ganesh kuulis koosolekusarja kohta, osales ta seal ja koges Püha Vaimu tulist tööd. Neljapäevase koosolekusarja teisel päeval tundis ta, kuidas ta ihu läks nii kuumaks, nagu ta oleks keeva vee potti pandud ja ta ei tundnud oma ihus enam valu. Ta läks kohe lavale ja tunnistas oma tervenemisest. Sellest ajast saadik ei ole ta oma ihus enam valu tundnud ega karke kasutanud ja ta saab vabalt käia ja joosta.

„Isegi kui mul ei olnud piisavalt jõudu sõrmegi liigutamiseks, ma teadsin, et ma saan terveks, kui ma läksin Ta ette. Mu lootus ei olnud asjata ja Jumal tegi selle teoks!"

Indias sündinud naine tõuseb ratastoolist ja käib pärast Dr. Jaerock Lee palvet

Naine tõuseb ratastoolist Dubais

2003. aasta aprillis kui ma olid Dubais, Araabia Ühendemiraatides, tõusis Indias sündinud naine kohe pärast mu palvet ratastoolist. Ta oli intelligentne naine, kes oli Ameerika Ühendriikides õppinud. Isikliku elu probleemide tõttu elas ta läbi närvivapustuse, millele lisandusid liiklusavarii järelmõjud ja komplikatsioonid.

Kui ma seda naist esimest korda nägin, ei suutnud ta käia, tal ei olnud rääkimiseks jõudu ja ta ei suutnud mahapillatud prille üles võtta. Ta lisas, et ta oli ka kirjutamise jaoks liiga nõrk ja ei saanud veeklaasi üles tõsta. Kui teised inimesed teda vaevalt puudutasid, tundis ta piinavat valu. Aga pärast palvet tõusis naine kohe ratastoolist. Isegi mina olin väga hämmastunud, nähes toda naist, kes ei suutnud paar minutit tagasi isegi rääkida, oma asju võtmas ja ruumist välja jalutamas.

Jeremija 29:11 kirjutatakse: „Sest mina tunnen mõtteid, mis ma teie pärast mõlgutan, ütleb Isand: need on rahu, aga mitte õnnetuse mõtted, et anda teile tulevikku ja lootust." Isa Jumal armastas meid nii palju, et Ta andis meie eest oma ainusündinud Poja.

Seega, isegi kui te olete füüsilise puude tõttu viletsat elu elanud, on teil õnneliku ja terve elu lootus, usus Isasse Jumalasse. Ta ei taha, et ükski Ta laps oleks katsumuste ja piina käes. Lisaks igatseb Ta igaühe jaoks maailmas rahu, rõõmu, õnne ja head tulevikku.

Markuse 2. peatükis toodud halvatu loo kaudu olete te teada saanud teed ja meetodid, mille kaudu te võite oma südameigatsustele vastused saada. Ma palun meie Isanda Jeesuse Kristuse nimel, et igaüks teie seast valmistaks end usuastjaks ja saaks igale oma palvele vastuse!

8. sõnum

Inimesed rõõmustavad, tantsivad ja laulavad

Markuse 7:31-37

*Ja Jeesus lahkus Tüürose alalt
ja tuli läbi Siidoni Galilea järve äärde,
Kümnelinnamaa piirkonna keskele.
Ja Tema juurde toodi kurt ja kidakeelne
ning paluti Teda,
et Ta paneks oma käe ta peale.
Ja Jeesus võttis ta rahvahulgast kõrvale,
pistis oma sõmed ta kõrvadesse,
sülitas ja puudutas ta keelt
ning üles taevasse vaadates õhkas
ja ütles talle: „Effata!", see on „Avane!"
ja ta kõrvad avanesid kohe
ja ta keelekütke pääses valla ning ta rääkis korralikult.
Ja Jeesus keelas neid,
et nad ei räägiks sellest kellelegi,
aga mida enam Ta neid keelas,
seda enam nad jutustasid.
Ja nad olid üliväga vapustatud ja ütlesid:
„Kõik on Ta teinud hästi,
Ta paneb ju kurdid kuulma ja keeletud rääkima!"*

Matteuse 4:23-24 kirjutatakse järgmist:

Jeesus rändas läbi kogu Galilea, õpetades nende sünagoogides ja jutlustades evangeeliumi Kuningriigist ning tervendades haigeid ja vigaseid rahva seas. Ja kuuldus Jeesusest levis üle kogu Süüria, ja Tema juurde toodi kõik, kes põdesid mitmesuguseid tõbesid ja olid piinade käes ja kurjast vaimust vaevatud ja langetõbised ja halvatud, ning Tema tegi nad terveks.

Jeesus ei kuulutanud vaid Jumala Sõna ja Kuningriigi häid sõnumeid, vaid tervendas ka arvukaid inimesi, kellel olid erinevad haigused. Jeesuse kuulutatud Sõna jäädvustus inimeste südametesse, kuna Ta tervendas neid haigustest, mille vastu inimese jõud oli võimetu ja Ta juhatas inimesed usu läbi Taevasse.

Jeesus tervendab kurttumma mehe

Markuse 7. peatükis räägitakse, kuidas Jeesus reisis Tüürosest Siidonisse ja sealt Galilea mere äärde ja Kümnelinnamaa piirkonda ning tervendas seal kurttumma mehe. Kui keegi „suutis vaevu kõneleda," tähendas, et ta oli kidakeelne ja ei suutnud kõnekalt end väljendada. Selles lõigus kirjeldatud mees õppis tõenäoliselt lapseeas rääkima, aga hiljem kaotas ta kuulmise ja suutis nüüd „vaevu kõneleda."

Üldiselt kutsutakse „kurttummaks" kedagi, kes pole kurtuse tõttu keelt ega rääkimist ära õppinud, aga „bradüakuusia" tähistab kuulmisraskust. Inimesest saab kurttumm erinevatel viisidel. Esimene neist on pärilik. Teisel juhul sünnib laps kurttummana kui ta emal on punetised (ehk ladinakeelse nimega „rubella") või kasutab raseduse ajal vale ravimit. Kolmandal juhul, kui lapsel diagnoositakse kolme või nelja aasta vanuses meningiit, võib temast saada kurttumm. Bradüakuusia puhul, kui kõrva trummikile on rebenenud, võib kuuldeaparaadist ses olukorras abi olla. Aga kui probleem on kuulmisnärvis, ei aita ka kuuldeaparaat. Muudel juhtudel, kui inimese kuulmine nõrgeneb väga kärarikkas keskkonnas töötamise või vananemise tõttu, arvatakse, et selle jaoks pole pöördelist ravi.

Lisaks võib inimene muutuda kurttummaks kui ta on deemonite meelevallas. Sellisel juhul, kui vaimse meelevallaga inimene ajab kurjad vaimud välja, hakkab inimene kohe kuulma ja rääkima. Markuse 9:25-27, kui Jeesus sõitles kurja vaimu poisis, kes ei suutnud rääkida: „Sina keeletu ja kuri vaim, ma käsin sind, mine temast välja ja ära tule kunagi enam tema sisse," (25. salm) kuri vaim lahkus otsekohe poisist ja poiss sai terveks.

Uskuge, kui Jumal tegutseb, ei ole ükski haigus ega nõrkus enam teie jaoks probleemiks ega ähvarda teid. Sellepärast kirjutatakse Jeremija 32:27: „Vaata, mina olen Isand, kõige liha Jumal! Ons mulle mõni asi võimatu?" Laulus 100:3 õhutatakse meid: „Teadke, et Isand on Jumal! Tema on meid teinud ja Tema omad me oleme, Tema rahvas ja Tema karjamaa kari," aga Laulus 94:9 on meeldetuletus: „Kes kõrva on istutanud, kas Tema ei peaks kuulma?" Kui me usume kogu südamest kõikvõimsat Isa Jumalat, kes vormis me kõrvad ja silmad, on kõik võimalik. Sellepärast oli maa peale lihas tulnud Jeesuse jaoks kõik võimalik. Nii nagu kirjutatakse Markuse 7. peatükis, kus Jeesus tervendas kurttumma mehe, avanesid mehe kõrvad ja tema kõne muutus selgeks.

Kui me üksnes ei usu Jeesusesse Kristusesse, vaid palume ka Jumala väge küpseks saanud usuga, sünnivad ka tänapäeval Piiblisse kirjapandutega sarnased teod. Selle kohta kirjutatakse Heebrealastele 13:8: „Jeesus Kristus on seesama eile ja täna ja igavesti!", aga Efeslastele 4:13 on meeldetuletus, et me „jõuaksime usu ja Jumala Poja tundmise ühtsusesse, saades täismeheks Kristuse täisea mõõtu mööda."

Aga ihuliikmete taandarengut ega närvirakkude tagajärjel tekkinud kurtust ja tummust ei saa tervendusanni abil tervendada. Ainult siis kui inimene, kes on saanud Jeesuse Kristuse täisea mõõdu täiuse, palvetab Jumala tahtega kooskõlas, leiab selline tervenemine aset.

Tänulaul
inimestelt,
kes tervenesid kurtusest

*„Eludega,
mille Sa meile andsid
elame me
maa peal,
igatsedes Sind.*

*Mu hing, mis on kui
mägikristall,
tuleb Su juurde."*

Diakoness Napshim Park austab Jumalat pärast 55 aastat kestnud kurtusest tervenemist

Juhtumid, kus Jumal tervendas inimesed kurtusest Manminis

Ma olen näinud palju juhtumeid, kus inimesed tervenesid bradüakuusiast ja arvukad inimesed, kes ei suutnud sünnist saadik kuulda, hakkasid esimest korda kuulma. Kaks inimest, kes olid viiekümne viie ja viiekümne seitsme aastased, hakkasid elus esimest korda kuulma.

2000. aasta septembris, kui ma viisin läbi imede ja tervenemise festivali Nagoyas, Jaapanis, tervenesid kolmteist inimest minu palve peale kohe kuulmiskahjustusest. Need uudised jõudsid paljude kuulmiskahjustustega inimesteni Koreas ja paljud nende seast osalesid üheksandal kahenädalasel spetsiaalsel äratuskoosolekul 2001. aasta mais ja tervenesid ning austasid väga Jumalat.

Nende hulgas oli kolmekümne kolme aastane naine, kes oli kurttumm kaheksa aastaselt läbi elatud õnnetuse tõttu. Pärast seda kui ta juhatati varsti pärast 2001. aasta koosolekut meie kogudusse, valmistas ta end palvevastuste saamiseks ette. See naine osales igapäevasel „Taanieli palvekoosolekul" ja käristas oma südame lõhki, kui talle meenusid minevikus tehtud patud. Pärast kogu südamest äratuskoosolekuks ettevalmistumist osales ta viimasel. Koosoleku lõpuosas ei tundnud ta kohe mingit muudatust kui ma panin oma käed kurttummadele peale ja palvetasin nende eest. Aga ta ei olnud sellest hoolimata pettunud. Selle asemel nägi ta rõõmustavate ja tänumeelt tundvate tervekssaanute tunnistusi ja uskus veelgi tõsisemalt, et temagi võib terveks saada.

Jumal pidas seda usuks ja tervendas naise varsti pärast koosoleku lõppemist. Ma olen näinud Jumala väetegude ilmnemist ka pärast koosoleku lõppu. Pealegi, ta läbis kuulmistesti ja see kinnitas, et ta mõlemad kõrvad olid täiesti terveks saanud ja ta kuulis täielikult. Halleluuja!

Kurdina sündinu terveneb

Jumala väeilmingud on iga aastaga suuremaks ja rohkemaks muutunud. 2002. aasta Hondurase imede ja tervenemise koosolekusarja ajal hakkasid paljud kurttummad kuulma ja rääkima. Kui julgeolekuteenistuse ülema tütar sai koosolekusarja ajal eluaegsest kurtusest terveks, oli ta ülierutatud ja äärmiselt tänulik.

Üks kaheksa aastase Madeline Yaimin Bartresi kõrv ei olnud õigesti kasvanud ja ta kaotas aja jooksul kuulmise. Madeline kuulis koosolekusarja toimumise kohta ja anus, et isa ta sinna viiks. Ülistuse ajal andis Jumal talle rohket armu ja ta hakkas pärast seda kui ma kõigi haigete eest palvetasin, selgelt kuulma. Kuna ta isa töötas ustavalt koosolekusarja toimumise heaks, õnnistas Jumal ta last sel viisil.

2002. aasta India imede ja tervenemispalve festivalil võtab Jennifer oma kuuldeseade ära

Kuigi me ei suutnud kõiki India koosolekusarja ajal ja pärast seda sündinud arvukaid tervenemistunnistusi üles tähendada, panevad isegi mõned valitud tunnistused meid Jumalat tänama ja austama. Nende seas oli sünnist saadik kurttumma Jenniferi lugu. Arst soovitas tal kuuldeseadet kanda, et ta kuulmine veidi parem oleks, aga meenutas talle,

Jennifer sai kaasasündinud kurtusest terveks ja ta arsti hinnang

CHURCH OF SOUTH INDIA
MADRAS DIOCESE
C.S.I. KALYANI MULTI SPECIALITY HOSPITAL
15, Dr. Radhakrishnan Salai, Chennai-600 004. (South India)

Ref. No. _____ Date: 15/10/02

To whom it may concern

Miss Jennifer, aged 5 yrs, has been examined by me at CSI Kalyani Hospital for her hearing. After interacting with the child and observing her and after examining the child, I have come to the conclusion that Jennifer has definitely good hearing improvement now than before she was prayed for. Her mother's observation of her child is far more important and the mother has definitely noticed marked improvement in her child's hearing ability. Jennifer hears much better without the hearing aid, responding to her name being called when as previously she was not without the aid.

Medical Officer,
C.S.I. KALYANI GENERAL HOSPITAL

et tal ei olnud võimalik täiuslikku kuulmist saada..

Sel ajal kui Jenniferi ema palvetas iga päev oma tütre tervenemise eest, osalesid nad koosolekusarjal. Ema ja tütar istusid suure valjuhääldi kõrval, kuna valjuhääldi lähedal olek ei oleks Jenniferile niikuinii probleemiks olnud. Aga koosolekusarja viimasel päeval tuli suur rahvamurd kokku ja nad ei saanud valjuhääldi lähedale istuda. See, mis siis juhtus, oli tõesti uskumatu. Niipea kui ma lõpetasin kõnepuldist haigete eest palvetamise, ütles Jennifer emale, et heli oli liiga vali ja palus tal kuulmisseade ära võtta. Halleluuja!

Enne tervenemist ei reageerinud Jenniferi kuulmine meditsiinidokumentidesse kirjapandu kohaselt isegi kõige intensiivsemale helile. Teiste sõnadega, Jenniferil oli sajaprotsendiline kuulmiskaotus, aga pärast palvetamist tuli välja, et tema kuulmine oli 30-50 protsendi ulatuses uuenenud. Järgnev on otorinolarüngoloogi Christina poolne Jenniferi hinnang:

Viieaastase Jenniferi kuulmise hindamiseks uurisin ma teda C.S.I. Kalyani mitme erialavaldkonna haiglas. Pärast seda kui ma olin Jenniferiga rääkinud ja teda hinnanud, tegin ma järelduse, et tema kuulmine oli palve tagajärjel kindlalt ja märkimisväärselt paranenud. Ka Jenniferi ema arvamused on asjassepuutuvad. Ta täheldas sedasama, mis minagi: Jenniferi kuulmine oli kindlalt ja järsult paranenud. Sel ajal kuulis Jennifer hästi ilma kuuldeseadeta ja reageeris hästi kui inimesed teda nimepidi kutsusid. Enne palvet oli kuuldeseade eemaldamisel teistsugune olukord.

Neile, kes oma südame usus ette valmistavad, ilmneb kahtlemata Jumala vägi. Muidugi on palju juhtumeid, kus haigete seisund paraneb iga päevaga, kui nad elavad ustavat elu Kristuses.

Sageli Jumal ei tervenda täielikult kohe neid, kes on noorest peale kurdid olnud. Kui nad hakkaksid tervenemise hetkest alates hästi kuulma, oleks neil raske kõiki helisid taluda. Kui inimesed kaotasid kuulmise täiskasvanueas, võib Jumal nad kohe täiesti terveks teha, sest neil ei kulu nii palju aega helidega kohanemiseks. Niisugusel juhul võivad inimesed esialgu segaduses olla, aga paari päeva pärast on nad rahulikud ja kohanenud oma kuulmisvõimega.

2003. aasta aprillis kohtusin ma reisil Dubaisse Araabia Ühendemiraatides kolmekümne kahe aastase naisega, kes oli ajumeningiidi tõttu kaheaastaselt kõnevõime kaotanud. Kohe kui ma olin ta eest palvetanud, ütles naine väga selgelt: „Tänan!" Ma võtsin tema sõnu vaid tänuavaldusena, aga ta vanemad ütlesid, et nende tütar tänas kedagi viimati kolmkümmend aastat tagasi.

Selleks, et kogeda väge, mis annab tummadele kõnevõime ja kurtidele kuulmise

Markuse 7:33-35 kirjutatakse järgmist:

Ja Jeesus võttis ta rahvahulgast kõrvale, pistis oma sõrmed ta kõrvadesse, sülitas ja puudutas ta keelt ning üles taevasse vaadates õhkas ja ütles talle: „Effata!", see on „Avane!"ja ta kõrvad avanesid kohe ja ta keelekütke pääses valla ning ta rääkis korralikult.

Siin tähendab „Effata!" heebrea keeles „Avane!" Kui Jeesus käskis loomise algse häälega, avanesid inimese kõrvad ja tema keelekütke pääses valla.

Miks siis Jeesus pani oma sõrmed mehe kõrva enne kui Ta käskis: „Effata!"? Roomlastele 10:17 kirjutatakse: „Järelikult usk tuleb kuulutusest, kuulutus aga Kristuse Sõna kaudu." Kuna mees ei olnud kuulmisvõimeline, ei olnud tal lihtne usku omada. Pealegi, mees ei tulnud Jeesuse juurde, et terveks saada. Selle asemel tõid teised inimesed selle mehe Jeesuse juurde. Kui Jeesus pani oma sõrmed mehe kõrva, aitas see mehel Tema sõrmede tunnetamise kaudu usku saada.

Ainult siis kui me mõistame vaimset tähendust, mis sisaldus juhtumis, kus Jeesus ilmutas Jumala väge, võime me kogeda Tema väge. Missuguseid spetsiaalseid samme me selleks tegema peame?

Esiteks on meil tervenemise vastuvõtmiseks vaja usku.

Isegi kui on vähesega tegu, on tervenemise vastuvõtjal usku vaja. Aga erinevalt Jeesuse eluajast ja tsivilisatsiooni arengu tõttu on ka kuulmiskahjustustega inimestele evangeeliumi viimiseks palju viise. Mõne aasta eest hakkasime me kõiki jutlusi Manminis viipekeelde tõlkima. Me oleme ka koguduse veebilehele lisanud minevikus peetud jutluste viipekeelse teksti.

Lisks võib usku saada nii palju kui te seda teha otsustate paljude teiste meetodite abil raamatute, ajalehtede, ajakirjade ja video- ja audiokassettide kaudu. Kui te saate usu, võite te kogeda Jumala väge. Ma olen maininud palju tunnistusi, mis aitavad teil usku saada.

Järgmiseks vajame me andestust.

Miks Jeesus sülitas ja puudutas mehe keelt kui Ta oli oma sõrmed mehe kõrvadesse pannud? See sümboliseerib vaimselt veeristimist ja oli vajalik inimese pattude andeksandmiseks. Veeristimine tähendab, et meid puhastatakse kogu patust puhta vee sarnase Jumala Sõnaga.

Jumala väe kogemiseks tuleb esiteks lahendada patuprobleem. Inimese ebapuhtuse veega puhastamise asemel asendas Jeesuse vee oma süljega ja sümboliseeris sedamoodi tolle mehe pattude andeksandmist. Jesaja 59:1-2 kirjutatakse: „Vaata, Isanda käsi ei ole päästmiseks lühike ega ole Ta kõrv kuulmiseks kurt, vaid teie süüteod on teinud vahe teie ja teie Jumala vahele, teie patud varjavad Tema palge teie eest, sellepärast Ta ei kuule."

Nii nagu Jumal lubas 2. Ajaraamatus 7:14: „Ja kui siis minu rahvas, kellele on pandud minu nimi, alandab ennast ja nad palvetavad ja otsivad minu palet ning pöörduvad oma kurjadelt teedelt, siis ma kuulen taevast ja annan andeks nende patu ning säästan nende maa," Jumalalt palvevastuste saamiseks on teil vaja end tõeselt näha, oma süda lõhki käristada ja meelt parandada.

Millest me peaksime Jumala ees meelt parandama?

Esiteks tuleb teil meelt parandada sellest, et te pole

Jumalasse uskunud ja Jeesust Kristust vastu võtnud. Johannese 16:9 ütleb Jeesus, et Püha Vaim veenab maailma patusüüs, sest inimesed ei usu Teda. Te peate aru saama, et Isanda mitte vastu võtmine on patt ja seega uskuma Isandasse Jumalasse.

Teieks, kui te pole oma vendi armastanud, tuleb teil meelt parandada. 1. Johannese 4:11 kirjutatakse: „Mu armsad, kui Jumal meid nõnda on armastanud, siis oleme ka meie kohustatud armastama üksteist." Kui vend vihkab teid, siis vastu vihkamise asemel peate teie olema salliv ja andestav. Te peate ka armastama oma vaenlast, otsima esiteks tema kasu ja mõtlema ja käituma, pannes end tema olukorda. Kui te kõiki inimesi armastama hakkate, näitab ka Jumal teie vastu üles kaastunnet, halastust ja tervendustegusid.

Kolmndaks, kui te olete omakasu saamiseks palvetanud, peate te meelt parandama. Jumalal ei ole heameelt neist, kes palvetavad egoistlike motiividega. Ta ei vasta teile. Nüüdsest peale tuleb teil Jumala tahte kohaselt palvetada.

Neljandaks, kui te palvetasite kaheldes, tuleb teil meelt

parandada. Jakoobuse 1:6-7 kirjutatakse: „Aga ta palugu usus, ilma kahtlemata, sest kahtleja sarnaneb tuule tõstetud ja sinna-tänna paisatud merelainega. Selline inimene ärgu ometi arvaku, et ta midagi saab Isandalt." Selle kohaselt peame me usus palvetama ja Talle meelepärased olema. Lisaks on Heebrealastele 11:6 meeldetuletuse kohaselt „ilma usuta võimatu olla meelepärane," saage lahti kahtlustest ja paluge vaid usus.

Viiendaks, kui te pole Jumala käsuseadusele kuuletunud, tuleb teil meelt parandada. Nii nagu Jeesus ütles Johannese 14:21: „Kellel on minu käsud ja kes neid peab, see ongi see, kes armastab mind. Aga kes armastab mind, seda armastab mu Isa, ja mina armastan teda ning näitan talle ennast," kui te näitate Jumalale oma armastuse tõendust, täites Ta käsuseadust, võite te Temalt palvevastused saada. Aeg-ajalt juhtub usklikega liiklusavariisid. See sünnib, kuna suurem osa neist pole Isanda päeva pühaks pidanud või kogu kümnist tasunud. Kuna nad ei pidanud kinni kristluse kõige põhilisematest reeglitest, kümnest käsust, ei saanud nad Jumala kaitse all püsida. Nende seast, kes Ta käskudele ustavalt kuuletuvad, sattuvad mõned oma eksimuste tõttu liiklusavariidesse. Aga Jumal kaitseb neid. Sellistel juhtudel jäävad inimesed ka täiesti purunenud sõidukis terveks, sest Jumal armastab neid ja tõendab neile oma armastust.

Pealegi, sageli saavad ka need inimesed, kes Jumalat ei tundnud, pärast palvet kiiresti terveks. See sünnib, kuna nende kogudussetulek on juba usutegu ja Jumal tegutseb neis. Aga kui inimestel on usk ja nad teavad tõde, ent nad jätkavad Jumala käskudele mitte kuuletumist ja ei ela Ta Sõna kohaselt, muutub see Jumala ja nende vaheliseks müüriks ja seetõttu nad ei saa terveks. Jumal tegutseb välismaiste suurte ühendkoosolekute ajal uskmatute seas vägevalt, kuna ebajumalakummardajate uudiste kuulmise peale koosolekutele tulek võrdub Jumala silmis usuga.

Kuuendaks, kui te pole külvanud, tuleb teil meelt parandada. Nii nagu Galaatlastele 6:7 kirjutatakse: „Sest mida inimene iganes külvab, seda ta ka lõikab," Jumala väe kogemiseks tuleb esiteks usinalt ülistuskoosolekutel osaleda. Pidage meeles, et kui te oma ihuga külvate, lõikate te terviseõnnistust ja kui te oma rikkusest külvate, lõikate te rikkuseõnnistusi. Seega kui te tahtsite külvata lõikust, tuleb teil sellest meelt parandada.

1. Johannese 1:7 kirjutatakse: „Aga kui me käime valguses, nõnda nagu Tema on valguses, siis on meil osadus omavahel ning Jeesuse, Tema Poja veri puhastab meid kogu patust." Pealegi, kui te hoiate kinni Jumala lubadusest 1. Johannese 1:9: „Kui me oma patud tunnistame, on Tema ustav ja õige, nõnda et Ta annab andeks meie patud ja puhastab meid kogu ülekohtust," tehke kindlaks, et te jälgite end, parandage meelt ja käige valguses.

Ma palun meie Isanda Jeesuse Kristuse nimel, et te võiksite saada Jumala kaastunde ja iga palvevastuse ja ei saaks Tema väe kaudu mitte üksnes terviseõnnistused, vaid oleksite ka kõigis eluküsimustes ja –asjus õnnistatud!

9. sõnum
Jumala lakkamatu ettehoole

5. Moosese raamat 26:16-19

*Täna käsib Isand, su Jumal, sind teha
nende määruste ja seadluste järgi:
pea ja täida neid kõigest oma südamest
ja kõigest oma hingest!
Sa oled täna lasknud Isandat öelda,
et Ta tahab olla sulla Jumalaks,
et sul tuleb käia Tema teedel
ja pidada Tema määrusi, käske ja seadlusi
ja kuulata Tema häält.
Ja Isand on täna lasknud sind öelda,
et sa tahad olla Temale omandrahvaks,
nõnda nagu Ta sulle on rääkinud,
ja et sa tahad pidada kõiki Tema käske,
et Ta tõstaks sind kõrgemale kõigist rahvaist,
keda Ta on loonud, kiituseks, kuulsuseks ja iluks,
ja et sa oleksid pühaks rahvaks Isandale, oma Jumalale,
nagu Ta on rääkinud.*

Kui inimestel palutakse valida ülim armastuse vorm, valivad paljud vanemliku armastuse, eriti ema armastuse imiku vastu. Aga Jesaja 49:15 kirjutatakse: „Kas naine unustab oma lapsukese ega halasta oma ihuvilja peale? Ja kui nad ka unustaksid, ei unusta mina sind mitte." Jumala külluslikku armastust ei ole võimalik võrrelda ema armastusega imiku vastu.

Armastuse Jumal ei taha üksnes, et kõik inimesed päästetud saaksid, vaid ka et nad võiksid kogeda igavest elu, õnnistust ja rõõmu toredas Taevas. Sellepärast Ta vabastab oma lapsed katsumustest ja piinadest ja tahab anda neile kõike, mida nad paluvad. Jumal juhatab igaühe meie seast mitte ainult maa peal õnnistatud elu elama, vaid ka igavesse tulevasse ellu.

Nüüd vaatame me Jumala väe ja prohvetlike ettekuulutuste kaudu Jumala ettehoolet Manmini Keskkoguduse jaoks.

Jumala armastus tahab iga hinge pääsemist

2. Peetruse 3:3-4 kirjutatakse järgmist:

Seda teadke esmalt, et viimseil päevil tuleb pilkesõnadega pilkajaid, kes käivad iseenese himude järgi ja ütlevad: „Kus on Tema tulemise tõotus? Sest pärast seda, kui isad on läinud magama, on jäänud kõik nõnda nagu loomise algusest peale."

Paljud ei usu, kui neile rääkida ajastu lõpust. Nii nagu päike on alati tõusnud ja loojunud ja nii nagu inimesed on alati sündinud ja surnud ja nii nagu tsivilisatsioon on alati edenenud, eeldavad niisugused inimesed loomulikult, et kõik kulgeb üha edasi.

Kuna inimelul on algus ja lõpp ja kui inimajalool on algus, siis see ka kunagi lõpeb. Jumala äravalitud ajal saabub kogu universumi lõpp. Kõikide üle, kes on eales Aadamast alates elanud, mõistetakse kohut. Vastavalt maapealse elu jooksul tehtule lähevad nad kas Taevasse või põrgusse.

Teisalt, need, kes usuvad Jeesust Kristust ja elavad Jumala Sõna kohaselt, lähevad Taevasse. Aga taas, need inimesed, kes ei usu isegi siis kui neile kuulutatakse evangeeliumi ja inimesed, kes ei ela Jumala Sõna alusel, vaid hoopis patus ja kurjuses, lähevad põrgusse. Sellepärast tahab Jumal, et evangeelium leviks võimalikult kiiresti kogu maailmas, et kasvõi üks hing veel võiks saada päästetud.

Jumala vägi levib ajastu lõpus

Sel põhjusel rajaski Jumal Manmini Keskkoguduse ja ilmutab oma imettegevat väge. Jumal tahab oma väeilmingute kaudu tunnistada, et Ta on tõeline Jumal ja anda inimestele arusaam Taeva ja põrgu olemasolu kohta. Nii nagu Jeesus ütles Johannese 4:48: „Te usute mind ainult siis, kui näete tunnustähti ja imetegusid," on inimese mõtlemist lammutada suutvad väeteod veelgi vajalikumad praegusel ajal, kus patt ja kuri kasvavad ja teadmised suurenevad. Sellepärast koolitab Jumal Manmini kogudust lõpuajal ja õnnistab seda üha suurema väega.

Lisaks, ka Jumala plaanitud inimkonna kasvatamine jõuab lõpule. Jumala äravalitud ajal on vägi vajalik ja aitab pääseda neil, kellel on pääsemise vastuvõtmise võimalus. Üksnes väe abil pääsevad üha rohkemad ja üha kiiremini.

Pideva tagakiusu ja piinade tõttu on äärmiselt raske evangeeliumi mõnel maailma maal kuulutada ja on veelgi rohkem inimesi, kes pole evangeeliumi kunagi isegi kuulnud. Lisaks, ka nende seas, kes tunnistavad oma usku Isandasse, ei ole tõelise usuga inimeste hulk nii suur kui arvatakse. Luuka 18:8 küsib Jeesus: „Ometi, kui Inimese Poeg tuleb, kas Ta leiab usku maa pealt?" Paljud käivad koguduses, kuid sarnaselt maailma inimestega elavad nad edasi patus.

Aga isegi maailma maades ja piirkondades, kus valitseb tõsine kristlaste tagakius, järgneb Jumala väe kogemisele usk, mis ei karda surmasuhu sattumist ja evangeelium levib nagu tuli. Kui patus ja tõelise usuta elavad inimesed kogevad elava Jumala väetegusid, saavad nad väe Jumala Sõna alusel elamiseks.

Paljude välismaiste misjonireiside ajal olen ma viibinud maades, kus evangeeliumi kuulutamine ja jutlustamine on seadusega keelatud ja kogudus on tagakiusu all. Ma olen tunnistanud niisugustes maades nagu Pakistan ja Araabia Ühendemiraadid, kus islamiusk lokkab ja valdavalt hinduistlikus India riigis, kus pärast Jeesusest Kristusest tunnistamist ja ilmnenud tõendeid, mille abil inimesed suudavad elavasse Jumalasse uskuda, on arvukad hinged pöördunud ja päästetud saanud. Isegi kui nad olid varem ebajumalakummardajad, võtsid inimesed Jumala väetegusid nähes Jeesuse Kristuse vastu ja ei kartnud seaduslikke komplikatsioone. See tunnistab Jumala väe ilmselgest suurusest.

Nii nagu põllumees lõikab lõikuseajal saaki, ilmutab Jumal sellist imettegevat väge, et Ta võiks lõigata kõiki hingesid, kes lõpuajal pääsemisele tulevad.

Piiblisse kirjapandud lõpuaja märgid

Ka Piiblisse kirjapandud Jumala Sõna alusel võib öelda, et me elame lõpuajal. Kuigi Jumal pole ajastu lõpu kohta täpseid daatumeid ega kellaaega andnud, andis Ta meile lõpuaja äratundmiseks vihjed. Kui me ennustame pilvede kogunemise alusel, et vihma hakkab sadama, siis Piiblisse kirjapandud märgid aitavad meid ajaloo arengu põhjal lõpuaega ette näha.

Näiteks Luuka 21. peatükis kirjutatakse: „Aga kui te kuulete sõdadest ja rahutustest, siis ärge kartke, sest see kõik peab enne sündima, kuid lõpp ei ole veel niipea käes!" (9. salm) ja „tuleb suuri maavärinaid ning kohati näljahäda ja katku ning hirmsaid ja suuri tunnustähti taevast" (11. salm).

2. Timoteosele 3:1-5 kirjutatakse järgmist:

Aga see olgu sul teada, et viimseil päevil tuleb raskeid aegu, sest siis on inimesi, kes on enesearmastajad, rahaahned, kelkijad, ülbed, teotajad, sõnakuulmatud vanemaile, tänamatud, nurjatud, halastamatud, leppimatud, laimajad, ohjeldamatud, jõhkrad, hea põlgajad, reetlikud, tormakad, upsakad, rohkem lõbu- kui jumalaarmastajad, kellel on küll jumalakartuse nägu, aga kes on salanud selle väe. Niisuguseid väldi!

Maailmas on palju õnnetusi ja märguandeid ja inimeste südamed ja mõtted on tänapäeval üha kurjemad. Igal nädalal saan ma sündmuste ja õnnetuste kohta uudistelugude väljalõikeid ja väljalõigete sisu maht on järjest suuremaks muutunud. See tähendab, et maailmas leiab aset palju õnnetusi, hädasid ja kurje tegusid.

Aga inimesed ei ole enam sama tundlikud nende sündmuste ja õnnetuste suhtes kui nad olid varem. Kuna niisuguste sündmuste ja õnnetuste kohta võib pidevalt liiga palju lugeda, on inimesed neile immuunseks muutunud. Enamik inimestest ei suhtu enam tõsiselt jõhkratesse roimadesse, suurtesse sõdadesse, looduskatastroofidesse ja inimelude kaotusse nende metsikuste ja õnnetuste tõttu. Massimeedia oli täis pealkirju selliste sündmuste kohta. Aga enamikule inimestest ei läinud niisugused sündmused suuremat korda ja ununesid varsti, välja arvatud siis kui nad sealviibijatele südamest kaasa tundsid või see puudutas nende tuttavaid.

Ajaloo kulgu jälgides tunnistavad valvsad ja Jumalaga selgelt suhtlevad inimesed üksmeelselt, et Isanda tulek on lähedal.

Lõpuaja prohvetlikud ettekuulutused ja Jumala ettehoole Manmini Keskkoguduse jaoks

Jumala prohvetlike ettekuulutuste kaudu Manminile võib öelda, et tegu on tõesti lõpuajaga. Manmini asutamisest kuni tänapäevani on Jumal ette rääkinud presidendi- ja parlamendivalimiste tulemusi, Korea ja välismaiste tähtsate ja tuntud isikute surma ja palju muid maailma ajalugu mõjutavaid sündmusi.

Ma olen paljudel juhtudel avaldanud taolist teavet iganädalaste koguduse infolehtede akronüümides. Kui sisu oli liiga tundlik, avaldasin ma selle vaid mõnele inimesele. Viimaste aastate jooksul olen ma kõnepuldist aeg-ajalt kuulutanud ilmutusi Põhja-Korea, Ühendriikide ja maailmas aset leidvate sündmuste kohta.

Suurem osa prohvetlikke ettekuulutusi on ettekuulutatu kohaselt täitunud ja veel täideminemata prohvetlikud ettekuulutused puudutavad olemasolevaid või veel eesseisvaid sündmusi. Mainimisväärt on see, et suurem osa eesseisvaid sündmusi puudutavaid prohvetlikke ettekuulutusi on lõpuaja kohta. Kuna nende hulgas on Jumala ettehoole Manmini Keskkoguduse jaoks, vaatleme me mõnda taolist prohvetlikku ettekuulutust lähemalt.

Esimene prohvetlik ettekuulutus puudutab Põhja- ja Lõuna-Korea suhteid.

Manmini asutamisest saadik on Jumal kogudusele Põhja-Korea kohta palju ilmutanud, kuna Ta on kutsunud meid lõpuajal Põhja-Koreasse evangeeliumi viima. 1983. aastal rääkis Jumal meile ette Põhja- ja Lõuna-Korea juhtide vahelisest tippkohtumisest ja selle tagajärgedest. Varsti pärast tippkohtumist pidi Põhja-Korea maailmale ajutiseks uksed avama, aga veidi hiljem sulgusid need taas. Jumal ütles, et kui Põhja-Korea uksed avanevad, pääseb pühaduse ja Jumala väe evangeelium maale ja selle tagajärjel kuulevad inimesed evangeeliumi. Jumal ütles, et me peaksime Isanda peatset tagasitulekut silmas kui Põhja- ja Lõuna-Korea teatud viisil väljenduvad. Kuna Jumal ütles, et ma peaksin kahe Korea „teatud viisil väljendumise" salajas, ei saa ma toda teavet veel avalikustada.

Nii nagu teie seast enamik teab, toimus kahe Korea juhtide vaheline tippkohtumine 2000. aastal. Te olete tõenäoliselt tundnud, et Põhja-Korea avab rahvusvahelisele survele alludes varsti oma uksed.

Teine prohvetlik ettekuulutus puudutab maailmamisjonitöö kutsumist.

Jumal valmistas Manmini jaoks hulga välismaiseid koosolekusarju, kuhu kogunesid kümned tuhanded, sajad tuhanded ja miljonid ja õnnistas meid, lastes meil oma imettegeva väe abil maailmas kiiresti evangeeliumi kuulutada. Selle hulka kuulusid Uganda püha evangeeliumi koosolekusari, mille toimumise kohta Cable News Network (CNN) edastas rahvusvahelise teate; Pakistani tervenduskoosolekute sari, mis raputas islamimaailma ja avas ukse misjonitööks Lähis-Idas; Kenya püha evangeeliumi koosolekusari, mille käigus inimesed tervenesid väga paljudest haigustest, kaasa arvatud AIDS; Filipiinidel toimunud ühendatud tervenduskoosolekute sari, kus Jumala vägi ilmnes plahvatuslikult; Hondurase imede ja tervenduskoosolekute sari, millega kaasnes Püha Vaimu orkaan ja maailma suurimal hinduistlikul maal – Indias peetud imede ja tervenduspalve festivali koosolekute sari, kuhu neljapäevase koosolekute sarja käigus tuli kolm miljonit inimest. Kõik need koosolekusarjad on hüppelauaks, mis aitavad Manminil minna lõppsihtkohta – Iisraeli.

Jumal lõi Aadama ja Eeva inimkonna kasvatamise suure plaani raames ja pärast maapealse elu algust inimkond paljunes. Jumal valis paljude hulgast ühe rahva – Jaakobi järeltulija Iisraeli. Jumal tahtis iisraellaste ajaloo kaudu ilmutada oma au ja ettehoolet inimkonna kasvatamiseks mitte vaid Iisraelile, vaid kõigile maailma inimestele. Iisraeli rahvas on seega inimkonna kasvatamise mudeliks ja Iisraeli ajalugu, mida Jumal ise juhib, ei ole ühe maa ajalugu, vaid Tema sõnum kõigile inimestele. Pealegi, Jumal tahtis, et evangeelium jõuaks enne Aadamaga alanud inimkonna kasvatamise lõppu tagasi Iisraeli, kust see alguse sai. Aga Iisraelis on äärmiselt raske korraldada kristlikke koosolekuid ja evangeeliumi kuulutada. Iisraelis on vaja taevast ja maad raputavaid Jumala väeilminguid ja Jumal on kutsunud Manmini seda Jumala ettehoolde osa lõpuajal täitma.

Jumal täitis Jeesus Kristuse kaudu inimkonna päästmise ettehoolde ja võimaldas igaühele, kes Jeesuse Päästjaks vastu võtab, igavese elu. Aga Jumala äravalitud Iisraeli rahvas ei võtnud Jeesust Messiasena vastu. Lisaks, Iisraeli rahvas ei mõista Jeesuse Kristuse kaudu pääsemise ettehoolet kuni hetkeni, mil jumalalapsed võetakse üles.

Lõpuajal tahab Jumal, et Iisraeli rahvas parandaks meelt ja võtaks Jeesuse oma Päästjaks vatu, et nad pääseksid. Sellepärast lasi Jumal Manmini ülla kutsumise kaudu pühaduse evangeeliumil Iisraeli pääseda ja seal edasi levida. Nüüd kui kriitiline Lähis-Ida misjonitöö hüppelaud sai 2003. aasta aprillis rajatud, valmistub Manmin Jumala tahtega kooskõlas Iisraeli minema ja Jumala ettehoolet teostama.

Kolmas prohvetlik ettekuulutus puudutab suure pühamu ehitust.

Varsti pärast Manmini asutamist andis Jumal meile oma lopuaja ettehoolde ilmutamise käigus ülesande ehitada suur pühamu, mis ilmutaks kogu maailma inimestele Jumala au.

Vana Testamendi ajal võis pääseda tegude läbi. Isegi kui südames olevast patust ei vabanetud, võis igaüks pääseda kui ta ei teinud väliselt pattu. Vana Testamendi aja tempel oli tempel, kus inimesed kummardasid Jumalat vaid tegudes, nii nagu käsuseadus ette kirjutas.

Aga Uue Testamendi ajal tuli Jeesus ja täitis käsuseaduse armastusega ja usu kaudu Jeesusesse Kristusesse saime me päästetud. Uue Testamendi ajal ei soovi Jumal ehitada templit üksnes tegudega, vaid ka südamega. Seda templit ehitavad Jumala tõelised lapsed, kes on vabaks saanud patust, kelle süda on pühitsetud ja kes armastavad Teda. Sellepärast lubas Jumal Vana Testamendi templil hävida ja tahtis uue, tõelise vaimse tähendusega templi ehitamist.

Seetõttu peavad suurt pühamut ehitavad inimesed Jumala ees õiged olema. Nad peavad olema Jumala lapsed, kelle süda on ümber lõigatud, püha ja puhas ja täis usku, lootust ja armastust. Kui Jumal näeb oma pühitsetud laste ehitatud suurt pühamut, ei tunne Ta vaid hoone väljanägemist nähes tröösti. Selle asemel meenub Talle pühamu ehituse protsess ja iga Ta tõeline laps, kes on Ta pisarate, ohvri ja kannatlikkuse vili.

Suurel pühamul on sügav tähendus. See on inimkonna kasvatamise monument ja pärast hea vilja lõikust Jumala

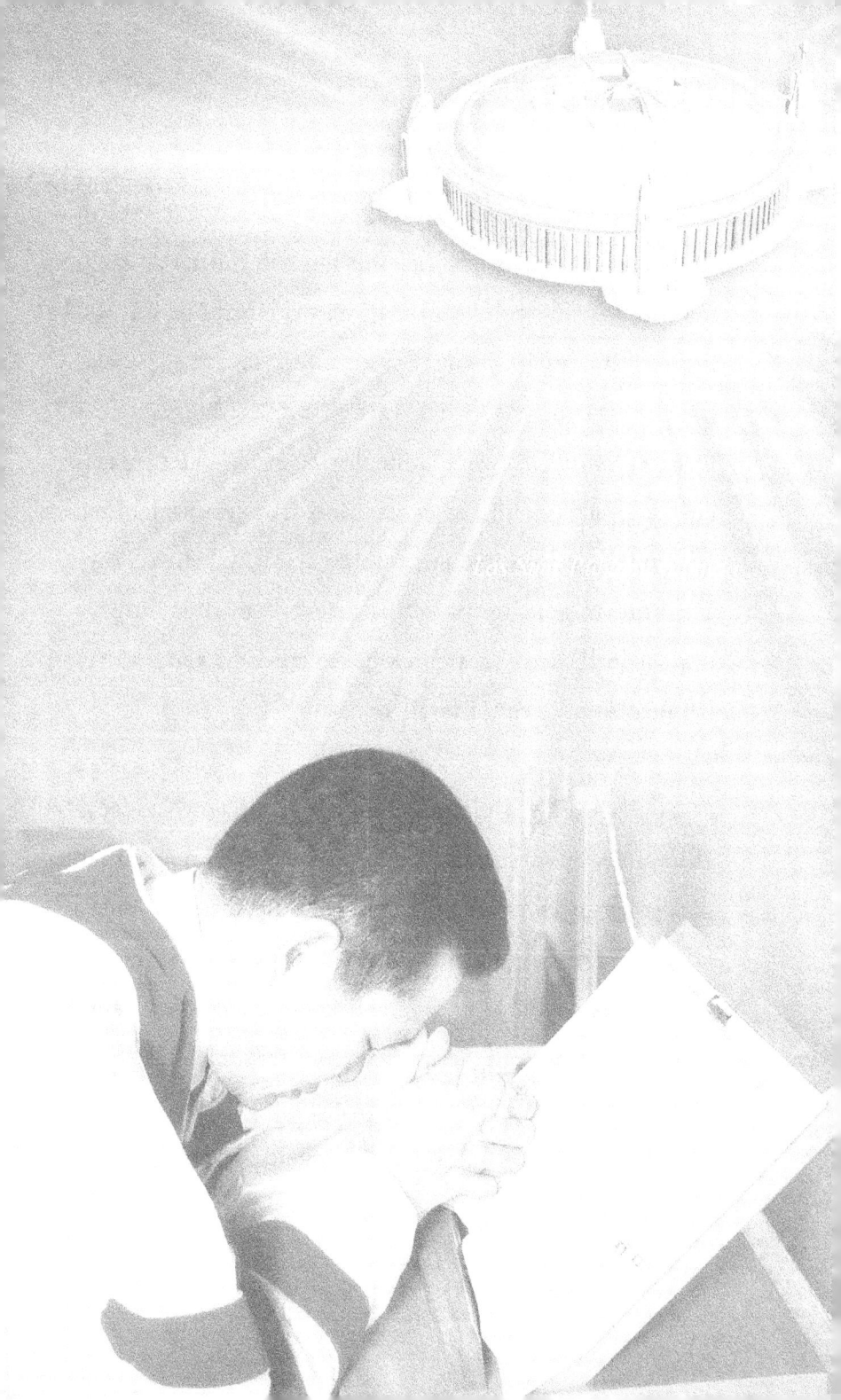

tröösti sümbol. See ehitatakse lõpuajal, sest see on suurejooneline ehitusprojekt, mis ilmutab Jumala au kogu maailma inimestele. Suure Pühamu läbimõõt on 600 meetrit (umbes 1970 jalga) ja see on 70 meetri (230 jala) kõrgune massiivne ehitis, mis ehitatakse igasugustest ilusatest, haruldastest kallihinnalistest materjalidest ja igas ehitise osas ja kaunistuses sisaldub Uue Jeruusalemma, kuuepäevase loomise ja Jumala väe au. Üksnes Suure Pühamu nägemine paneb inimesed tundma Jumala majesteetlikkust ja au. Ka uskmatud on seda nähes hämmastunud ja tunnistavad Tema au.

Lõpuks, Suure Pühamu ehitamine on nagu Noa laeva ehitamine, kus arvukad hinged päästetakse. Lõpuajal kui patt ja kurjus vohavad, nii nagu oli Noa päevil, kui Jumala laste juhitud ja Jumala poolt kohaseks peetud inimesed tulevad Suurde Pühamusse ning hakkavad Temasse uskuma, saavad nad päästetud. Veelgi enam inimesi kuuleb Jumala au ja väe sõnumit ja nad tulevad ja näevad seda ise. Kui nad tulevad, esitatakse Jumala kohta arvukaid tõendeid. Samuti õpetatakse neile vaimumaailma saladusi ja nad saavad oma sarnaseid tõelisi lapsi lõigata sooviva Jumala tahte kohta teadmisi.

Suur Pühamu on nagu Isanda tuleku eelse evangeeliumi maailmas levimise lõppfaasi kese. Pealegi, Jumal ütles Manminile, et kui Suure Pühamu ehitamise aeg saabub, toob Ta kuningad ja rikkad ja võimukandjad ehitust toetama.

Koguduse asutamisest alates on Jumal ilmutanud lõpuaega puudutavaid prohvetlikke ettekuulutusi ja oma ettehoolet Manmini Keskkoguduse jaoks. Ka tänapäevani on ta jätkuvalt ilmutanud oma üha suurenevat väge ja täidab oma Sõna. Koguduse ajaloo jooksul on Jumal ise juhtinud Manmini, et oma ettehoolet teostada. Pealegi, Isand juhatab meid kõiki Temalt saadud ülesandeid teostama ja kogu maailmas Jumala au ilmutama kuniks Ta naaseb.

Johannese 14:11 ütles Jeesus: „Uskuge mind, et mina olen Isas ja Isa on minus. Kui te ei usu muu pärast, siis uskuge mu tegude tõttu." 5. Moosese raamatus 18:22

kirjutatakse: "Siis kui prohvet räägib Isanda nimel, aga midagi ei sünni ega tule, siis on see sõna, mida Isand ei ole rääkinud. Prohvet on seda rääkinud ülemeelikusest, ära karda teda!" Ma loodan, et te mõistate Jumala ettehoolet Manmini Keskkoguduses ilmsiks saanud ja ilmutatud väe ja prohvetlike ettekuulutuste kaudu.

Jumal ei andnud Manmini Keskkogudusele lõpuajal oma ettehoolde teostamiseks äratust ja väge üleöö. Ta treenis meid üle kahekümne aasta. Ta on juhatanud meid otsekui kõrget ja järsku mäge pidi ronides ja tormisel merel suurtest lainetest läbi seilates korduvalt katsumustest välja ja valmistanud katsumused kindla usuga läbinud inimesed maailmamisjoni töö tegemise jaoks võimelisteks astjateks.

See kehtib ka igaühe kohta teie seast. Usk Uude Jeruusalemma pääsemiseks ei arene ega kasva üleöö; te peate alati ärkvel olema ja valmis Isanda naasmise päevaks. Üle kõige, hävitage kõik patumüürid ja jooske muutumatu ja kirgliku usuga Taeva suunas. Kui te niisuguse muutumatu otsusekindlusega edasi liigute, õnnistab Jumal kahtlemata teie hinge, nii et selle lugu on hea ja vastab te südameigatsustele. Sellele lisaks annab Jumal teile vaimse võime ja meelevalla, millega Ta saab teid kasutada oma lõpuaja ettehoolde raames väärtusliku astjana.

Ma palun meie Isanda Jeesuse Kristuse nimel, et igaüks teie seast hoiaks kinni oma kirglikust usust, kuni Isand naaseb ja me kohtume taas igaveses Taevas ja Uues Jeruusalemmas!

Autor
Dr. Jaerock Lee

Dr. Jaerock Lee sündis 1943. aastal Muanis, Jeonnami provintsis, Korea Vabariigis. Kahekümnesena oli Dr. Lee mitmete ravimatute haiguste tõttu seitse aastat haige ja ootas surma ilma paranemislootuseta. Kuid õde viis ta ühel 1974. aasta kevadpäeval kogudusse ja kui ta põlvitas, et palvetada, tervendas elav Jumal ta kohe kõigist haigustest.

Hetkest kui Dr. Lee kohtus selle imelise kogemuse kaudu elava Jumalaga, on ta Jumalat kogu südamest siiralt armastanud ja Jumal kutsus ta 1978. aastal end teenima. Ta palvetas tuliselt, et ta võiks Jumala tahet selgelt mõista ja seda täielikult teha ning kuuletuda kogu Jumala Sõnale. 1982. aastal asutas ta Manmini koguduse Seoulis, Lõuna-Koreas ja tema koguduses on aset leidnud arvukad Jumala teod, kaasa arvatud imepärased tervenemised ja imed.

1986. aastal ordineeriti Dr. Lee Korea Annual Assembly of Jesus' (Jeesuse aastaassamblee) Sungkyuli koguduse pastoriks ja neli aastat hiljem – 1990. aastal, hakati tema jutlusi edastama Austraalia, Venemaa, Filipiinide ülekannetes ja paljudes muudes kohtades Kaug-Ida ringhäälingukompanii, Aasia ringhäälingujaama ja Washingtoni kristliku raadiosüsteemi kaudu.

Kolm aastat hiljem, 1993. aastal, valis Christian World (Kristliku maailma) ajakiri (USA) Manmini Keskkoguduse üheks „Maailma 50 tähtsamast kogudusest" ja Christian Faith College (Kristlik Usukolledž), Floridas, USA-s andis talle Teoloogia audoktori tiitli ja 1996. aastal sai ta Ph.D. teenistusalase kraadi Kingsway Teoloogiaseminarist, Iowas, USA-s.

1993. aastast alates on Dr. Lee juhtinud maailma misjonitööd, viies läbi palju välismaiseid krusaade Tansaanias, Argentinas, L.A.-s, Baltimore City's, Havail ja New York City's USA-s, Ugandas, Jaapanis, Pakistanis, Kenyas, Filipiinidel, Hondurasel, Indias, Venemaal, Saksamaal, Peruus, Kongo Rahvavabariigis ja

Iisraelis. 2002. aastal nimetasid Korea peamised kristlikud ajalehed teda „maailmapastoriks" tema töö eest paljudel välismaistel ühendkrusaadidel.

2010. aasta septembrist koosneb Manmini Keskkogudus rohkem kui 100 000 liikmest. Kogudusel on 9000 sisemaist ja välismaist harukogudust kogu maailmas ja praeguseni on sealt välja lähetatud rohkem kui 132 misjonäri 23 maale, kaasa arvatud Ameerika Ühendriigid, Venemaa, Saksamaa, Kanada, Jaapan, Hiina, Prantsusmaa, India, Kenya ja paljud muud maad.

Tänaseni on Dr. Lee kirjutanud 60 raamatut, kaasa arvatud bestsellerid Tasting Eternal Life before Death (Maitsedes igavest elu enne surma), My Life My Faith I & II (Minu elu, minu usk I ja II osa), The Message of the Cross (Risti sõnum), The Measure of Faith (Usu mõõt), Heaven I & II (Taevas I ja II osa), Hell (Põrgu) ja The Power of God (Jumala vägi) ja tema teosed on tõlgitud enam kui 44 keelde.

Tema kristlikud veerud ilmuvad väljaannetes The Hankook Ilbo, The JoongAng Daily, The Dong-A Ilbo, The Munhwa Ilbo, The Seoul Shinmun, The Kyunghyang Shinmun, The Hankyoreh Shinmun, The Korea Economic Daily, The Korea Herald, The Shisa News ja The Christian Press.

Dr. Lee on praegu mitme misjoniorganisatsiooni ja -ühingu asutaja ja president, kaasa arvatud The United Holiness Church of Korea (Korea Ühendatud Pühaduse Koguduse) esimees; Manmin World Mission (Manmini Maailmamisjoni) alaline president; The World Christianity Revival Mission Association (Ülemaailmse Kristliku Äratusmisjoni Liidu) asutaja; Manmini TV asutaja ja juhatuse esimees; Global Christian Network (GCN) (Ülemaailmse Kristliku Võrgu CGN) asutaja ja juhatuse esimees; The World Christian Doctors Network (WCDN) (Ülemaailmse Kristlike Arstide Võrgu WCDN) asutaja ja juhatuse esimees; Manmin International Seminary (MIS) (Manmini Rahvusvahelise Seminari MIS) asutaja ja juhatuse esimees.

Teised kaalukad teosed samalt autorilt

Taevas I

Üksikasjalik nägemus imepärasest keskkonnast, mida taevased elanikud naudivad ja kaunis kirjeldus Taevase Kuningriigi erinevatest tasanditest

Taevas II

Üksikasjalik nägemus imepärasest keskkonnast, mida taevased elanikud naudivad ja kaunis kirjeldus Taevase Kuningriigi erinevatest tasanditest

Minu elu ja mu usk I

Dr. Jaerock Lee's autobiograafiline raamat pakub lugejatele kõige hurmavamat vaimulikku elamust, viies lugeja läbi tema elust, mida Jumal igal sammul nii lõhnava armastuse kui tumedate lainete, raske ikke ja sügavaima meeleheitega vürtsitanud on.

Minu elu ja mu usk II

Dr. Jaerock Lee's autobiograafiline raamat pakub lugejatele kõige hurmavamat vaimulikku elamust, viies lugeja läbi tema elust, mida Jumal igal sammul nii lõhnava armastuse kui tumedate lainete, raske ikke ja sügavaima meeleheitega vürtsitanud on.

Põrgu

Tõsine sõnum kogu inimkonnale Jumalalt, kes soovib, et ükski hing ei sattuks põrgusügavustesse! Te leiate mitte kunagi varem ilmutatud ülevaate surmavalla ja põrgu julmast tegelikkusest.

www.urimbooks.com

www.ingramcontent.com/pod-product-compliance
Lightning Source LLC
LaVergne TN
LVHW021812060526
838201LV00058B/3350